COMMISSION DE L'ENSEIGNEMENT AGRICOLE

DANS

LES ÉTABLISSEMENTS SCOLAIRES,

INSTITUÉE

PAR ARRÊTÉ DE MM. LES MINISTRES DE L'INSTRUCTION PUBLIQUE ET DE L'AGRICULTURE,

EN DATE DU 24 OCTOBRE 1887.

(Extrait du *Bulletin de l'Agriculture.*)

PARIS.

IMPRIMERIE NATIONALE.

M DCCC LXXXVIII.

COMMISSION DE L'ENSEIGNEMENT AGRICOLE

DANS

LES ÉTABLISSEMENTS SCOLAIRES.

PROCÈS-VERBAUX DES SÉANCES.

DOCUMENTS ANNEXES.

COMMISSION DE L'ENSEIGNEMENT AGRICOLE

DANS

LES ÉTABLISSEMENTS SCOLAIRES,

INSTITUÉE

PAR ARRÊTÉ DE MM. LES MINISTRES DE L'INSTRUCTION PUBLIQUE
ET DE L'AGRICULTURE,

EN DATE DU 24 OCTOBRE 1887.

(Extrait du *Bulletin de l'Agriculture.*)

PARIS.

IMPRIMERIE NATIONALE.

M DCCC LXXXVIII.

COMMISSION DE L'ENSEIGNEMENT AGRICOLE

DANS LES ÉTABLISSEMENTS SCOLAIRES,

INSTITUÉE

PAR ARRÊTÉ DE MM. LES MINISTRES DE L'INSTRUCTION PUBLIQUE ET DE L'AGRICULTURE,

EN DATE DU 24 OCTOBRE 1887.

A la suite d'une série de vœux émis par les assemblées départementales et communales, et tendant à l'introduction de l'enseignement agricole dans les programmes des établissements scolaires, MM. les Ministres de l'instruction publique et de l'agriculture ont décidé d'étudier d'un commun accord les questions relatives à l'organisation de cette nouvelle branche de l'enseignement, et institué à cet effet, par arrêté du 24 octobre 1887, une commission mixte composée ainsi qu'il suit :

MM. Gréard, vice-recteur de l'Académie de Paris, *président;*
Buisson, conseiller d'État, directeur de l'enseignement primaire au Ministère de l'instruction publique;
Tisserand, conseiller d'État, directeur de l'agriculture au Ministère de l'agriculture;
Jacoulet, inspecteur général de l'instruction publique;
Prillieux, inspecteur général de l'enseignement agricole;
Risler, directeur de l'Institut national agronomique;
Salicis, inspecteur général de l'instruction publique;
Cadet, chef de bureau au Ministère de l'instruction publique, *secrétaire;*
Mamelle, chef de bureau au Ministère de l'agriculture, *secrétaire;*
Marignac, rédacteur au Ministère de l'agriculture, *secrétaire adjoint;*
Sabatié, rédacteur au Ministère de l'instruction publique, *secrétaire adjoint.*

Cette commission a tenu, du 1er décembre 1887 au 15 mars 1888, neuf séances dont les procès-verbaux, avec les pièces qui y sont annexées, constituent la matière du présent fascicule.

LETTRE ADRESSÉE À MM. LES MINISTRES DE L'INSTRUCTION PUBLIQUE ET DE L'AGRICULTURE PAR M. LE PRÉSIDENT DE LA COMMISSION.

Paris, le 11 mai 1888.

Monsieur le Ministre,

La commission nommée par l'honorable M. Spuller, conjointement avec son collègue de l'agriculture, M. Barbe, à l'effet d'étudier les moyens de développer l'enseignement agricole dans les établissements d'enseignement primaire, a terminé ses travaux. J'ai l'honneur de vous en présenter le compte rendu sommaire et de vous soumettre ses propositions.

I. *Personnel enseignant.* — La Commission s'est d'abord préoccupée de la question de l'organisation du personnel enseignant. Actuellement l'agriculture est enseignée dans les écoles normales par les professeurs départementaux qui sont, en outre, chargés de fonctions relatives à l'agriculture proprement dite : conférences agricoles dans les campagnes, affaires privées, missions, etc. Ce partage des attributions des professeurs départementaux d'agriculture a paru à la Commission présenter certains inconvénients. Un certain nombre de professeurs, très absorbés par leurs conférences dans le département et par divers autres travaux, négligent le cours d'agriculture de l'école normale. Or la Commission est persuadée que si l'on veut faire pénétrer l'enseignement agricole dans les écoles primaires, il est nécessaire qu'il soit sérieusement organisé à l'école normale, où se forment les futurs instituteurs.

Pour assurer un meilleur service, la Commission propose de retirer aux professeurs départementaux le cours d'agriculture de l'école normale, qui serait confié à l'un des professeurs de sciences de l'établissement ayant passé une année à l'Institut agronomique. Cette réforme, en attendant une modification de la loi du 16 juin 1879, pourrait s'accomplir dans les conditions que détermine le projet de décret ci-annexé.

II. *Programmes de l'enseignement agricole.* — Pour les écoles normales, un programme détaillé du cours d'agriculture a été établi, il y a quelques années, avec le concours du Ministère de l'agriculture. La Commission est d'avis qu'il n'y a lieu d'y apporter aucun changement.

En ce qui concerne les écoles primaires supérieures, un programme nouveau d'enseignement agricole, dont le texte est ci-joint, a été élaboré par la Commission, d'après le programme approuvé par M. le Ministre de l'agriculture pour l'école primaire supérieure de Dourdan. Ce programme ne doit pas, dans la pensée de la Commission, s'appliquer uniformément à toutes les écoles primaires supérieures; il est susceptible d'être modifié suivant les cultures de la région. La Commission a seulement voulu, en formulant un programme, déterminer les limites du cours et indiquer les points principaux sur lesquels l'enseignement agricole lui semble devoir porter.

Plusieurs membres auraient désiré qu'un programme analogue fût établi pour les écoles primaires élémentaires, mais la Commission s'est finalement rangée à cette idée que l'enseignement de l'agriculture à l'école primaire ne peut consister en un cours théorique; qu'il faut rendre cet enseignement essentiellement pratique et aussi simple que possible, se borner à attirer l'attention des enfants sur ce qui se passe autour d'eux dans la campagne, à les y intéresser dans la mesure que comporte leur âge, et à leur donner quelques notions scientifiques élémentaires sur les diverses opérations de culture dont ils sont témoins chaque jour. Il n'a pas paru possible à la Commission de tracer un programme pour ces leçons familières; elle pense qu'il est préférable de laisser, quant à présent, aux instituteurs le soin d'organiser de leur mieux cet enseignement, dont le contrôle appartiendrait aux professeurs départementaux, capables de rectifier ce qu'il y aurait de défectueux dans les méthodes. En vue de rendre aux maîtres cet enseignement plus facile, la Commission verrait avec satisfaction que l'on publiât des recueils de dictées, leçons de choses et problèmes agricoles, avec indication des principaux exercices applicables aux cultures de la région. On introduirait dans ces exercices quelques poésies champêtres, quelques morceaux littéraires, des descriptions de la plaine ou de la forêt, de la vallée ou de la montagne pouvant inspirer aux enfants le goût de la vie rurale et les retenir aux champs.

III. *Sanctions de l'enseignement agricole.* — L'unique sanction de l'enseignement de l'agriculture consiste actuellement en une épreuve orale à l'examen du brevet supérieur. La Commission a trouvé que cette sanction était insuffisante pour consacrer un enseignement inscrit dans tous les programmes de l'instruction primaire, depuis l'école élémentaire jusqu'à l'école normale. Partant de ce principe que l'agriculture doit être enseignée dans tous les établissements d'enseignement primaire, la Commission propose d'introduire une épreuve d'agriculture dans chacun des examens qui sanctionnent les études primaires. Elle demande, à cet effet, que l'on apporte dans la réglementation actuelle des examens des brevets de capacité et des certificats d'études primaires et primaires supérieures les modifications suivantes :

Brevet supérieur. — L'une des compositions de sciences porterait, *pour les aspirants*, soit sur les sciences physiques et naturelles, soit sur l'agriculture et l'horticulture. L'épreuve orale d'agriculture serait maintenue et subie devant un examinateur spécial.

Brevet élémentaire. — L'examen comprendrait une *épreuve orale* d'agriculture et d'horticulture subie devant un examinateur spécial.

Certificat d'études primaires supérieures. — On introduirait, au nombre des épreuves orales du certificat d'études primaires supérieures, un *examen technique* portant soit sur l'industrie, soit sur l'agriculture, les écoles primaires supérieures étant appelées à prendre le caractère industriel ou agricole, suivant leur situation à la ville ou à la campagne.

Certificat d'études primaires. — Quelques questions sur «les notions élémentaires d'agriculture et d'horticulture» figureraient au programme des épreuves orales du certificat d'études primaires.

Indépendamment de ces mesures administratives, la Commission estime qu'il faut compter, avant tout, pour propager l'enseignement agricole et le mettre en honneur, sur l'initiative des sociétés locales et des comices agricoles. C'est à eux qu'il appartient, en visitant les écoles et en fondant des prix, de stimuler le zèle des instituteurs et des élèves.

Telles sont, Monsieur le Ministre, les diverses propositions adoptées par la Commission. Vous en trouverez la discussion approfondie dans les procès-verbaux qui sont ci-joints.

Veuillez agréer, Monsieur le Ministre, l'hommage de mon respectueux dévouement.

Gréard.

COMPTES RENDUS DES SÉANCES. — DOCUMENTS ANNEXES.

Séance du vendredi 2 décembre 1887.

En l'absence de M. Gréard, vice-recteur de l'Académie de Paris, président de la Commission, M. Tisserand préside.

M. le Président ouvre la séance et fait savoir que M. Gréard s'est excusé par lettre de ne pouvoir y assister.

M. Buisson expose que, de toutes les questions soumises à l'examen de la Commission, la première à étudier est l'organisation actuelle de l'enseignement de l'agriculture dans les écoles normales primaires. La distribution de cet enseignement rencontre dans la pratique des difficultés qui semblent appeler la modification des règlements en vigueur; il s'agirait notamment de séparer l'enseignement à l'école normale de l'enseignement départemental proprement dit et de confier ces deux enseignements, qui se trouvent aujourd'hui réunis dans les attributions d'une même personne, à deux professeurs distincts.

M. le Président partage cette manière de voir, mais à la condition que la séparation proposée soit progressive : une application précipitée de la mesure risquerait de compromettre les résultats de l'un et de l'autre enseignement.

M. Jacoulet pense que le principal défaut du mode actuel d'enseignement agricole à l'école normale est d'empêcher le professeur de suivre de près ses élèves et d'avoir avec eux des rapports fréquents. On y remédierait en plaçant le cours d'agriculture dans les attributions du professeur de sciences physiques et naturelles, qui, attaché au service exclusif de l'école, pourrait consacrer tout son temps aux élèves-maîtres. Quant au professeur départemental, il cesserait d'enseigner à l'école normale et ne relèverait plus que de l'Administration de l'agriculture. Le service se trouverait ainsi dédoublé.

M. Salicis. L'agriculture est enseignée, selon lui, d'une manière trop théorique à l'école normale. Ses applications, qui devraient avoir lieu pendant l'été, sont peu nombreuses parce que le professeur est fréquemment en tournée pendant cette saison.

M. Buisson confirme l'exactitude de la remarque de M. Salicis. L'enseignement des professeurs départementaux à l'école normale manque assez souvent de suite et de régularité, et l'autorité universitaire est désarmée devant des écarts dont les professeurs s'excusent en alléguant les obligations de leur double service. Il y a là un vice d'organisation qui ne tient pas, comme on l'a dit souvent, à l'intervention de deux autorités, puisqu'à ces deux autorités correspondent deux services distincts, mais à l'impossibilité où l'on se trouve de répartir le temps qui doit être strictement consacré à chaque service.

M. Risler, revenant sur l'idée précédemment émise par M. Jacoulet, est d'avis que l'on supprimerait les inconvénients du système actuel en faisant enseigner l'agriculture à l'école normale par le professeur de sciences naturelles. En imposant aux jeunes professeurs un stage d'une certaine durée dans une école d'agriculture, on aurait des hommes très qualifiés pour distribuer le nouvel enseignement dont ils seraient chargés.

M. Buisson. La question fondamentale est de savoir si les hommes d'expérience sont d'accord pour opérer la scission foncière des deux fonctions de professeur à l'école normale et de professeur départemental. Ce principe une fois établi, l'application sera facile, du moins en ce qui concerne le recrutement du nouveau personnel à créer, celui-ci pouvant, à raison de dix professeurs par an, se constituer en moins de dix années; quant à l'exécution financière de la mesure, elle donnera lieu à deux opérations :

1° Diminution du crédit actuellement alloué au Ministère de l'instruction publique pour l'enseignement agricole;

2° Augmentation du crédit attribué au Ministère de l'agriculture pour le même objet.

Mais l'augmentation devra être supérieure à la diminution; la résultante sera donc un accroissement de charge pour l'État.

M. le Président insiste sur la nécessité de ne pas diminuer le traitement accordé jusqu'à ce jour aux professeurs départementaux; il rappelle d'ailleurs que ces fonctionnaires, nommés au concours et en vertu d'une loi, ont des droits au maintien d'une situation qu'on leur a en quelque sorte garantie; le nouveau crédit alloué à l'agriculture pour la leur assurer devra en conséquence être majoré, comme vient de le dire M. Buisson.

M. Buisson propose de poser dès à présent le principe devant la Commission du budget. Celle-ci avait manifesté l'intention de réduire de 50,000 francs cette année le crédit affecté à l'enseignement agricole sur le budget de l'instruction publique. Quels que soient les motifs qui ont conduit la Commission à fixer son chiffre, ce chiffre est trop élevé; mais l'Administration pourrait consentir à une diminution de 10,000 fr. qui serait reportée au budget de l'agriculture, et l'on pourrait, dès 1888, commencer l'application du nouveau système; la réduction continuerait les années suivantes dans des conditions analogues jusqu'à l'achèvement complet de la réforme.

M. Mamelle émet l'avis qu'il serait possible, pour accentuer dès à présent la séparation, d'accepter le chiffre de la Commission, sauf à ne pas modifier encore le fonctionnement du professorat départemental. Les 50,000 francs retirés à l'instruction publique seraient reportés à l'agriculture, et les professeurs, payés moins sur les fonds du premier Ministère, mais davantage sur ceux du second, paraîtraient rétribués d'une manière plus équitable eu égard à la disproportion des services qu'ils rendent à chacune des deux administrations.

M. Jacoulet conteste cette manière de voir. Une séparation aussi rapide, même au seul point de vue financier, serait dangereuse; elle aurait dans tous les cas le grave inconvénient de diminuer l'autorité de l'instruction publique aux yeux des professeurs départementaux, déjà trop portés à l'amoindrir pour augmenter l'influence de l'agriculture. Une disjonction financière progressive est préférable.

M. Salicis est également d'avis qu'un abandon immédiat du crédit serait dangereux; d'ailleurs rien ne prouve que l'instruction publique pourrait, comme on l'a avancé tout à l'heure, reconstituer en un laps de temps très court un personnel capable d'enseigner l'agriculture dans les écoles normales. A moins d'y être contraints matériellement ou d'y trouver un avantage sérieux, les jeunes professeurs sortant de Saint-Cloud ne consentiront pas sans peine à passer deux années encore dans une école d'agriculture. On s'exposerait à des mécomptes en fondant sur cette éventualité une certitude absolue.

M. Salicis, appelé au dehors par ses occupations, se retire.

M. Jacoulet pense comme son collègue qu'il ne faut abandonner le crédit que progressivement, mais il ne partage pas ses craintes touchant le recrutement du personnel. La plupart des carrières, et l'enseignement primaire notamment, sont obstruées à l'heure actuelle; le nombre des demandes dignes d'accueil est hors de proportion avec celui des admissions; dès qu'un débouché nouveau sera ouvert, les candidats s'y porteront avec empressement: Saint-Cloud, Cluny même en fourniront.

Toutefois il ne faut pas perdre de vue que les professeurs d'agriculture à l'école normale seront chargés d'un double enseignement, sciences naturelles et agriculture, auquel ils ne pourront être formés que par une double préparation. Comme la plupart d'entre eux appartiennent à des familles peu aisées, il conviendra, pour les dédommager du surcroît d'études qui leur sera imposé et du temps qu'ils passeront sans traitement après leur sortie de l'école de Saint-Cloud, de leur attribuer, indépendamment de la bourse à l'école d'agriculture où ils feront un stage, une petite subvention.

M. le Président appuie cette opinion. On pourrait, par analogie avec ce qui se passe dans les écoles d'application de Fontainebleau, des mines, etc., accorder aux stagiaires un traitement fixe.

M. Risler est convaincu qu'en offrant de pareils avantages on créerait un personnel complet dans un délai relativement très court.

M. Jacoulet fait observer que ces avantages ne pourront être accordés au porteur de n'importe quel titre; ils devraient être réservés aux seuls anciens élèves de l'école de Saint-Cloud envoyés dans les écoles d'agriculture.

M. Mamelle propose que les élèves sortant des écoles d'agriculture ou de l'Institut agronomique soient autorisés à entrer à Saint-Cloud pour s'y préparer à l'enseignement des sciences naturelles. Ils fourniraient ainsi un élément de recrutement aux écoles normales pour l'enseignement de l'agriculture.

M. Jacoulet ne voit aucun inconvénient à ce que cette proposition soit adoptée, si les anciens élèves d'écoles d'agriculture sont soumis à l'épreuve du concours pour entrer à Saint-Cloud.

M. Buisson fait constater qu'aux détails d'exécution près, tous les membres de la Commission sont d'accord pour reconnaître la possibilité de la création à l'école normale d'un enseignement agricole distinct de l'enseignement départemental. Pour mener plus loin la discussion, il faudrait que la Commission fût en présence d'un projet de règlement dans lequel se trouveraient posées les grandes lignes de la transformation désormais arrêtée en principe.

M. Jacoulet estime que, la situation actuelle étant l'effet d'une loi, le règlement qui la modifiera doit être aussi une loi.

M. Mamelle donne lecture du texte de la loi du 16 juin 1879 sur l'enseignement départemental de l'agriculture.

M. Buisson fait remarquer que cette loi n'a pas déterminé le quantum de la somme à fournir par chacun des deux Ministères de l'agriculture et de l'instruction publique pour l'entretien des chaires départementales. Il en conclut qu'une loi spéciale n'est pas indispensable pour réformer l'état de choses actuel; la confection de cette loi demanderait d'ailleurs un temps considérable et remettrait inopportunément en discussion des intérêts aujourd'hui incontestés. Un article de la loi de finances et un décret rendu en Conseil d'État paraissent devoir suffire pour établir le nouveau règlement.

M. le Président est du même avis. Il y a lieu de préparer un décret portant abrogation des règlements en vigueur et réorganisation du service.

M. Jacoulet. On peut dès à présent évaluer la dépense qu'entraînera cette réorganisation : 40,000 francs environ, à raison de 500 francs par professeur.

M. Buisson est d'avis que ce chiffre ne serait pas atteint.

M. le Président pense que dans tous les cas le décret à intervenir devra déterminer d'une manière précise la nouvelle situation des professeurs départementaux. Cette détermination ne laissera pas de présenter des difficultés, car les attributions de ces professeurs, actuellement trop complexes, ont besoin d'être circonscrites; M. le Président estime notamment que les fonctions de professeur devront désormais être incompatibles avec celles de directeur de laboratoire et désire que le règlement spécifie cette incompatibilité.

Après un échange d'observations touchant les avantages divers dont les professeurs départementaux sont susceptibles de bénéficier en dehors de leur traitement fixe, la Commission charge MM. Jacoulet et Mamelle de lui soumettre un projet de décret.

M. Jacoulet fait remarquer que ce projet comprendra deux parties bien distinctes ayant pour but de réglementer, l'une l'enseignement agricole à l'école normale, l'autre l'enseignement agricole départemental. Il pose la question de savoir si les professeurs départementaux conserveront leur titre actuel.

La Commission se prononce pour l'affirmative.

M. le Président engage les rédacteurs du projet de décret à ne pas entrer dans trop de détails; un règlement de cette nature ne doit prévoir que les grandes lignes.

La Commission partage ce sentiment.

M. Buisson aborde la seconde partie des travaux de la Commission, c'est-à-dire l'organisation de l'enseignement agricole dans les écoles primaires.

M. Cadet observe que la tâche de la Commission à cet égard se trouvera très simplifiée par une série de règlements élaborés en 1867 par M. Duruy. Ces règlements, que la suite des événements n'a pas permis de mettre à exécution, sont très explicites et semblent pouvoir être appliqués aujourd'hui sans modifications profondes.

M. Cadet donne lecture de quelques extraits des documents précités et distribue à la Commission un certain nombre de numéros du *Bulletin administratif* où ces documents se trouvent reproduits.

M. Jacoulet rappelle qu'il n'existe encore aucun programme d'enseignement agricole pour les écoles primaires; il y aurait lieu tout d'abord d'en établir un.

M. Cadet ajoute qu'il conviendrait d'examiner aussi la question des sanctions à cet enseignement, qui n'en a encore pour ainsi dire aucune; celle que lui donne le brevet supérieur est dérisoire; quant aux certificats d'études et au brevet simple, ils ne connaissent pas l'agriculture dans leurs programmes.

M. le Président estime qu'une sanction est nécessaire, l'expérience ayant démontré que les matières facultatives étaient généralement laissées de côté par les élèves.

M. Jacoulet est de cet avis.

M. Buisson fait une réserve pour ce qui concerne les écoles de Paris et des grands centres urbains, où l'enseignement agricole ne saurait être poussé aussi loin; la sanction ne pourra donc non plus y être très rigoureuse. D'ailleurs, et d'une manière générale, M. Buisson, tout en reconnaissant la haute importance de l'instruction agricole, pense qu'il convient d'éviter de lui donner dans les programmes de l'enseignement primaire une place exagérée; certains instituteurs, passionnés pour l'agriculture, en ont poussé l'étude au point de négliger leurs devoirs professionnels.

M. le Président et M. Risler font remarquer que l'écueil dans lequel sont tombés les instituteurs auxquels il vient d'être fait allusion tient moins à un goût véritable des études agricoles qu'à un faux engouement de ces maîtres pour une question qu'ils connaissaient mal. L'instituteur vraiment passionné pour l'agriculture et assez instruit dans cette science pour l'enseigner utilement saura lui donner sa juste place sans en abuser. Quant à l'enseignement agricole dans les grandes villes, il différera évidemment au point de vue pratique de celui qui sera donné dans les campagnes; mais la théorie générale sera à peu de chose près la même partout et les cultures spéciales entreront dans le cadre des divers programmes, qui seront appliqués suivant la région. Ce qu'il faut indiquer avant tout aux maîtres, c'est la méthode.

Après cet échange d'observations, la Commission décide que l'organisation de l'enseignement agricole dans les écoles primaires fera l'objet d'un projet spécial, et elle charge MM. Salicis et Prillieux de préparer ce projet.

M. Mamelle fait part à la Commission du désir qu'ont exprimé certains professeurs départementaux d'être entendus par elle sur les questions qui les concernent.

La Commission décide, après examen, qu'elle n'entendra pas les professeurs en séance; toutefois elle autorise les sous-commissions chargées de l'élaboration des projets de règlements et de programmes à consulter ces agents, si elles le jugent à propos.

M. le Président lève la séance à 6 heures.

PROJET DE DÉCRET

RELATIF À L'ORGANISATION DE L'ENSEIGNEMENT DÉPARTEMENTAL DE L'AGRICULTURE.

PREMIÈRE RÉDACTION.

Le Président de la République,

Vu la loi du 16 juin 1879 relative à l'enseignement départemental et communal de l'agriculture;

Vu le décret du 9 juin 1880 relatif à l'application de cette loi;

Vu le décret et l'arrêté du 18 janvier 1887 concernant le régime de l'école normale primaire supérieure de Saint-Cloud, l'enseignement agricole dans les écoles normales primaires et les examens du brevet de capacité;

Vu l'avis de la Commission instituée par arrêté du 24 octobre 1887 pour l'étude des questions relatives à l'enseignement agricole dans les établissements universitaires;

Sur le rapport des Ministres de l'agriculture et de l'instruction publique;

Le Conseil d'État entendu,

Décrète :

Art. 1er. En dehors des établissements spéciaux d'enseignement agricole (écoles nationales d'agriculture, écoles pratiques, fermes-écoles, etc.), l'enseignement départemental de l'agriculture est donné par des professeurs distincts à l'école normale d'instituteurs et dans les communes.

ENSEIGNEMENT AGRICOLE À L'ÉCOLE NORMALE.

Art. 2. L'enseignement agricole dans les écoles normales primaires cesse de faire partie des attributions des professeurs départementaux d'agriculture; il est confié aux professeurs de l'ordre des sciences desdites écoles, pourvus d'un diplôme constatant leur aptitude à cet enseignement.

Art. 3. Le certificat d'aptitude à l'enseignement agricole est délivré, à la suite d'un examen spécial subi devant un jury nommé par les Ministres de l'agriculture et de l'instruction publique :

1° Aux élèves de l'école de Saint-Cloud qui, après avoir satisfait aux épreuves de fin d'études, ont accompli un stage d'une année dans une école nationale d'agriculture. Cette année de stage tiendra lieu à ces élèves de la troisième année d'études qu'ils sont tenus de faire à Saint-Cloud, aux termes de l'arrêté du 18 janvier 1887;

2° Aux professeurs d'école normale en exercice, après un stage de deux ans dans une école nationale d'agriculture.

Les stagiaires de l'une et de l'autre catégorie jouissent d'une bourse entière pendant la durée de leur stage. Cette durée leur est comptée pour l'avancement et la retraite : ils reçoivent à cet effet, sur les fonds du Ministère de l'instruction publique, un traitement annuel d'inactivité de 100 francs soumis aux retenues, et une indemnité annuelle de 400 francs, représentant leurs frais de trousseau, d'habillement et de voyage.

Art. 4. Les jeunes gens pourvus du diplôme de l'Institut national agronomique ou des écoles nationales d'agriculture sont admis, sans autre titre, à prendre part aux concours d'admission de l'école de Saint-Cloud. Après deux années de séjour dans cette école, s'ils satisfont aux examens de fin d'études, ils reçoivent le certificat d'aptitude à l'enseignement de l'agriculture dans les écoles normales.

Art. 5. Les professeurs d'école normale pourvus du certificat d'aptitude à l'enseignement agricole reçoivent, tant qu'ils donnent cet enseignement dans les écoles normales, une indemnité annuelle de 500 francs non soumise aux retenues, sur les fonds du Ministère de l'instruction publique.

Art. 6. L'enseignement agricole dans les écoles normales est placé sous la surveillance et le contrôle des inspecteurs généraux de l'agriculture. Ces fonctionnaires adressent tous les ans au Ministère de l'agriculture, qui les transmet au Ministère de l'instruction publique, des rapports sur le résultat de cet enseignement.

ENSEIGNEMENT AGRICOLE DANS LES COMMUNES (ENSEIGNEMENT NOMADE).

Art. 7. L'enseignement agricole départemental proprement dit (enseignement nomade) est donné par des professeurs départementaux d'agriculture, à raison d'un professeur par département.

Art. 8. Les professeurs départementaux d'agriculture sont nommés par le Ministre de l'agriculture à la suite d'un concours public subi devant un jury composé ainsi qu'il suit :

1° L'inspecteur général d'agriculture, président.

2° L'inspecteur d'académie.

3° Un professeur de chimie ou de physique.

4° Un professeur de sciences naturelles.

Ces deux derniers examinateurs devront être choisis dans le personnel enseignant de l'Institut agronomique ou d'une école d'agriculture, et, à leur défaut, appartenir à l'Université de l'État.

5° Un professeur de l'école vétérinaire ou de l'école de médecine la plus rapprochée, ou un vétérinaire diplômé.

6° Trois agriculteurs choisis par la Commission départementale, parmi les membres des associations agricoles du département, sur les listes dressées par chacune de ces associations.

7° Un conseiller général désigné par ses collègues.

Tout concours à ouvrir est annoncé au moins trois mois à l'avance par l'insertion d'un avis au *Journal officiel.*

Les candidats devront, pour être admis au concours, être Français et âgés de vingt-cinq ans au moins. S'ils produisent le diplôme de licencié ès sciences physiques et naturelles ou celui de l'Institut agronomique ou d'une école d'agriculture, il leur sera attribué un certain nombre de points qui sera fixé par le Ministre de l'agriculture, mais qui ne pourra être supérieur au maximum des points attribués pour l'une des matières de l'examen.

Art. 9. Les professeurs départementaux d'agriculture sont nommés spécialement pour le département dans lequel ils ont concouru.

Toutefois ils peuvent être appelés à titre exceptionnel à passer dans un autre département.

Art. 10. Le traitement des professeurs départementaux est payé en totalité sur les fonds du Ministère de l'agriculture d'après le tarif ci-après :

1re classe	4,500 francs.
2e classe	4,000
3e classe	3,500
4e classe	3,000

La première nomination est toujours faite à la quatrième classe.

L'élévation d'une classe à la classe immédiatement supérieure ne peut avoir lieu qu'après trois années d'exercice au moins.

Art. 11. Les frais de tournée du professeur départemental d'agriculture, mis à la charge du département par l'article 7 de la loi du 16 juin 1879, sont fixés dans chaque département par le Conseil général, sans pouvoir être inférieurs à la somme de 1,000 francs.

Cette dépense ne sera pas imputée sur les fonds affectés au service de l'instruction primaire.

Art. 12. Les attributions du professeur départemental d'agriculture comprennent :

1° Les conférences agricoles dans les campagnes;

2° L'organisation et la surveillance des champs de démonstration ;

3° La surveillance et le contrôle de l'enseignement agricole dans les écoles primaires communales;

4° Les travaux ou missions dont il peut être chargé par le préfet du département ou le Ministre de l'agriculture.

Le professeur départemental doit, en outre, fournir au préfet tous les renseignements intéressant l'agriculture du département.

Art. 13. Les professeurs départementaux d'agriculture se doivent tout entiers à leurs fonctions ainsi qu'elles sont déterminées par le présent règlement.

Il leur est formellement interdit d'accepter toutes autres fonctions rétribuées ou non rétribuées.

Art. 14. Les professeurs départementaux qui acceptent des fonctions électives dans le département où ils sont nommés sont considérés comme démissionnaires.

DISPOSITIONS TRANSITOIRES.

Art. 15. Les dispositions qui précèdent seront appliquées progressivement dans les départements, au fur et à mesure que le personnel des écoles normales aura été formé à l'enseignement agricole.

Des arrêtés pris de concert par les Ministres de l'instruction publique et de l'agriculture détermineront chaque année les départements où le nouvel ordre de choses sera subtitué à l'ancien.

Art. 16. Tous les ans, jusqu'à ce que la subtitution soit complète, le Ministre de l'agriculture met à la disposition du Ministre de l'instruction publique des bourses d'interne dans les écoles nationales d'agriculture de Grignon, de Montpellier et de Grand-Jouan. Ces bourses sont attribuées dans les conditions prévues par l'article 3 du présent décret.

Lorsque la substitution aura été effectuée dans tous les départements, le nombre des boursiers sera déterminé chaque année par arrêté ministériel, suivant les nécessités du service.

Art. 17. Un cours de sciences physiques et naturelles appliquées à l'agriculture est créé à l'école de Saint-Cloud en vue de préparer les élèves de l'ordre des sciences de cet établissement à entrer dans l'une des écoles nationales d'agriculture.

Le programme de ce cours spécial et le programme des études instituées dans les écoles nationales d'agriculture en faveur des élèves-professeurs seront déterminés par un arrêté pris de concert par les deux Ministres.

Séance du 16 décembre 1887.

La séance est ouverte à 4 heures, sous la présidence de M. Gréard.

Le procès-verbal de la dernière séance est lu et adopté.

Sont placés sous les yeux de la Commission :

1° Un arrêté du 5 décembre 1887 instituant vingt prix spéciaux à décerner en 1888 à des instituteurs ou institutrices primaires pour l'enseignement agricole à leurs élèves;

2° Une circulaire de même date relative à la représentation de l'élément agricole dans les délégations cantonales;

3° Une circulaire du 11 décembre 1887 au sujet de plans de constructions d'écoles primaires rurales.

L'ordre du jour appelle la discussion sur le projet de décret relatif à l'enseignement de l'agriculture dans les écoles normales et à l'enseignement agricole départemental.

M. le Président lit le texte du projet de décret élaboré par la sous-commission.

M. Prillieux émet l'avis que le décret contient des dispositions incompatibles avec le texte de la loi du 16 juin 1879. L'article 6 de cette loi dit «que les professeurs d'agriculture seront chargés de leçons à l'école normale primaire». Or le décret a pour objet de leur enlever cette attribution.

M. Buisson fait observer que la loi a posé le principe du double enseignement de l'agriculture : «Enseignement départemental et enseignement à l'école normale et dans d'autres établissements d'instruction publique s'il y a lieu.» Une disposition de la loi de finances, en diminuant le crédit inscrit au budget du Ministère de l'instruction publique, et en augmentant, par contre, ce même chapitre au budget du Ministère de l'agriculture, peut motiver les modifications proposées dans la réglementation actuelle.

M. Tisserand se range à l'avis de M. Prillieux. La loi de 1879 lui paraît reposer entièrement sur un partage des attributions des professeurs d'agriculture entre les deux Ministères de l'instruction publique et de l'agriculture; ils sont nommés par les deux Ministres, payés sur les fonds des deux départements; leurs attributions sont à la fois relatives à l'instruction publique et à l'agriculture.

M. le Président déclare qu'en principe il n'est pas partisan du système qui consiste à modifier par voie budgétaire des lois organiques. Toutefois il lui semble que la loi de 1879 n'interdit pas de dédoubler les fonctions des professeurs d'agriculture. Le législateur paraît avoir voulu, en vue d'assurer à ces fonctionnaires un traitement suffisant, les faire participer aux deux enseignements et, par suite, aux deux budgets de l'instruction publique et de l'agriculture. Mais on n'irait pas contre la loi en créant, pour les besoins du service et en raison de son extension, une nouvelle catégorie de professeurs.

M. Tisserand dit que l'on pourrait s'appuyer, pour effectuer ces modifications, sur l'article 8 de la loi de 1879 qui renvoie à un règlement d'administration publique pour déterminer les attributions des professeurs départementaux. Il craint toutefois que le Conseil d'État ne fasse des objections de principe au projet de la Commission.

M. Buisson ne conteste pas que le Conseil d'État ne puisse présenter une objection préjudicielle. Mais cette assemblée devra tenir compte que la loi de 1879 a eu pour but de créer en bloc tout un service dont l'extension a été d'ailleurs prévue. La loi de finances, en raison du développement de l'enseignement agricole, peut modifier la situation. Si elle abaisse le chiffre du crédit alloué au Ministère de l'instruction publique pour les professeurs d'agriculture, elle motivera cette réduction et indiquera le sens de la réforme qui doit en être la conséquence.

D'ailleurs dans le décret proposé on ne modifie pas essentiellement les intentions du législateur de 1879, on a maintenu intactes les limites de la loi, sans vouloir rattacher totalement le service à l'un ou à l'autre département; il ne s'agit que d'un dédoublement, d'un changement apporté dans les attributions des professeurs d'agriculture.

M. Tisserand reconnaît que le dédoublement des attributions des professeurs d'agriculture est, au fond, une chose excellente qu'il est désirable de voir se réaliser dans l'intérêt du service, mais il craint que le Conseil d'État, se plaçant au point de vue juridique, ne fasse des difficultés pour sanctionner par décret les modifications projetées.

M. Cadet déclare tout d'abord partager les scrupules exprimés sur la question de légalité. Il regrette la tendance trop fréquente à modifier les lois par simples décrets ou à rapporter des lois organiques par des dispositions insérées dans des lois de finances; mais il croit que l'on irait au-devant des objections du Conseil d'État en adoptant un texte moins formel que celui qui est proposé dans l'article 2, aux termes duquel «l'enseignement agricole *cesse de faire partie* des attributions des professeurs départementaux d'agriculture». Ne serait-il pas préférable de dire que l'enseignement agricole dans les écoles normales *peut être confié* aux professeurs de sciences de ces établissements?

La Commission approuve cette observation.

M. Mamelle rappelle que le principe de la séparation des deux enseignements de l'agriculture a été admis dans la précédente réunion. Il pense que si l'Administration propose un règlement, la sanction viendra au Parlement. On a reconnu de différents côtés la nécessité de scinder l'enseignement agricole; il faut s'attacher, pour effectuer cette réforme, non à la lettre, mais à l'esprit de la loi de 1879 qui a prévu une extension de l'enseignement de l'agriculture.

MM. Buisson et Tisserand estiment qu'un vote de la Chambre à propos de la loi de finances est absolument nécessaire pour servir de base à la réforme dont il s'agit. Un déplacement de crédit entraînera, par voie de conséquence, un déplacement dans les attributions.

La Commission décide que le décret devra viser l'article de la loi de finances à intervenir. Elle passe ensuite à la discussion des articles du projet de décret.

Art. 1er. Sur la proposition de M. Tisserand, la Commission décide la suppression de cet article, qui fait double emploi avec les dispositions des articles subséquents.

Art. 2 (article 1er nouveau). La Commission, tenant compte de la modification précédemment indiquée par M. Cadet, adopte la rédaction suivante :

« *L'enseignement agricole dans les écoles normales primaires peut être confié aux professeurs de l'ordre des sciences desdites écoles, pourvus d'un diplôme constatant leur aptitude à cet enseignement.* »

Art. 3 (article 2 nouveau). M. Risler fait remarquer que l'article ne parle que des écoles nationales d'agriculture, laissant en dehors l'Institut national agronomique. Il ne comprend pas le motif de cette exclusion, d'autant plus que l'enseignement donné à l'Institut agronomique lui paraît devoir mieux convenir aux futurs professeurs d'écoles normales qui se destinent à l'enseignement de l'agriculture dans les écoles normales.

M. Prillieux demande s'il sera possible d'organiser un stage d'un an dans un établissement où l'enseignement est de deux années.

M. Jacoulet dit que si la durée du stage agricole était fixée à deux années, les candidats aux fonctions de professeur d'agriculture dans les écoles normales feraient défaut. Un stage aussi long ne lui paraîtrait pas d'ailleurs nécessaire pour des jeunes gens ayant reçu à l'école de Saint-Cloud une solide instruction scientifique et déjà pourvus du diplôme de professeur d'école normale qui atteste des connaissances sérieuses. Il serait peut-être possible d'organiser, dans l'une des écoles nationales d'agriculture, un cours spécial pour les maîtres de l'enseignement primaire.

M. Tisserand estime que ce cours pourrait être organisé, sans trop de difficultés, à l'école de Grignon, et qu'une année suffirait pour la préparation des professeurs des écoles normales. D'ailleurs, ainsi que le fait remarquer M. Salicis, les cours de sciences de l'école de Saint-Cloud pourraient être mis en rapport avec les cours de première année de l'école de Grignon, de façon que les élèves n'aient pas tout à faire en arrivant en deuxième année dans cet établissement.

M. Risler revient à l'idée que l'on aurait tort d'exclure l'Institut national agronomique du nombre des établissements où le stage agricole pourra être accompli. Cet établissement devrait être même choisi de préférence aux écoles nationales pour en faire suivre les cours aux professeurs des écoles normales. L'enseignement donné à l'Institut agronomique est bien plus complet, bien mieux organisé que dans les écoles d'agriculture. D'autre part, il ne serait pas nécessaire de créer à l'Institut agronomique un cours spécial qui, à l'école de Grignon, occasionnera une dépense. La combinaison proposée, indépendamment des garanties qu'elle offrirait pour l'instruction des professeurs, serait donc en même temps la plus économique.

M. Tisserand se montre favorable à l'adoption de cette proposition : le système au point de vue financier lui paraît être avantageux; quant à l'enseignement de l'Institut agronomique, il en constate la parfaite organisation.

M. Prillieux parle dans le même sens, d'autant plus qu'il verrait quelques difficultés pour l'organisation d'un cours spécial à l'école de Grignon.

M. Mamelle, tout en reconnaissant la supériorité des études faites à l'Institut agronomique, demande si cet enseignement est bien celui qui convient à des professeurs d'école normale appelés à enseigner à de futurs instituteurs. Si l'on propose le dédoublement de l'enseignement agricole, c'est que l'on trouve qu'il y a deux enseignements à organiser. Est-il bon que la préparation soit la même pour deux enseignements différents ?

L'enseignement de l'agriculture à l'école primaire doit se borner à l'explication des phénomènes simples de la végétation, à des éléments de jardinage, à des connaissances pratiques très élémentaires. Plus tard, les jeunes gens qui désireront se perfectionner en agriculture entreront dans les écoles pratiques et dans les fermes-écoles.

M. Mamelle croit donc que l'enseignement moins élevé, moins théorique des écoles nationales d'agriculture conviendrait peut-être mieux que celui de l'Institut agronomique aux futurs professeurs des écoles normales.

M. Risler conteste cette manière de voir : il ne faut pas craindre de donner en agriculture un enseignement trop élevé et trop vaste; les maîtres qui l'auront reçu sauront ensuite se mettre facilement à la portée des élèves. Leur enseignement sera profitable parce qu'ils auront acquis de bons principes, des connaissances précises qu'ils inculqueront aux instituteurs pour être reportées à l'école et propagées dans les campagnes. L'agriculture, comme l'industrie, doit aujourd'hui entrer dans la voie des applications scientifiques.

M. Jacoulet ne croit pas, dans l'espèce, aux inconvénients d'un enseignement trop élevé; il faudrait toutefois que les élèves de l'école de Saint-Cloud et les professeurs des écoles primaires normales fussent à même de suivre utilement, sans être inférieurs à leur condisciples, les cours de deuxième année de l'Institut agronomique.

MM. Risler et Tisserand sont d'avis que les jeunes gens pourvus du diplôme de professeur d'école normale atteindront facilement le niveau de la 2e année de l'Institut agronomique.

M. Jacoulet demande si les professeurs qui auront passé une année à l'Institut auront des connaissances pratiques suffisantes pour le travail agricole au jardin de l'école normale.

M. Risler répond qu'après un stage de trois mois dans une station agricole pour compléter leur instruction, les professeurs seront parfaitement à même de diriger les exercices pratiques à l'école normale.

Ce stage serait accompli à la sortie de l'Institut agronomique, qui a lieu vers le 15 du mois de juillet, et durerait jusqu'à la rentrée d'octobre.

La proposition de M. Risler, tendant à faire faire à l'Institut agronomique l'année de stage exigée pour l'enseignement de l'agriculture dans les écoles normales, est adoptée.

M. Salicis propose d'ajouter aux professeurs d'écoles normales désignés au paragraphe 3 de l'article 2, *les professeurs des écoles primaires supérieures;* il y a aujourd'hui assimilation entre ces deux catégories de fonctionnaires qui doivent être pourvus du même certificat d'aptitude. Cette addition à l'article 2 est approuvée.

M. Buisson demande des explications sur le certificat d'aptitude à l'enseignemen agricole dont il est fait mention dans plusieurs articles du titre Ier du décret. M. le directeur conteste l'utilité de la création d'un nouveau certificat d'aptitude pour l'enseignement de l'agriculture dans les écoles normales.

M. Mamelle est d'avis qu'il suffirait d'exiger des professeurs chargés de l'enseignement agricole qu'ils satisfassent aux examens de sortie de l'Institut agronomique.

Après un échange d'observations entre MM. Buisson, Jacoulet, Risler, la Commission décide que les élèves de Saint-Cloud et les professeurs des écoles normales et des écoles primaires supérieures recevront, pendant l'année qu'ils passeront à l'Institut agronomique, une bourse de 1,500 francs, un traitement d'inactivité de 100 francs et une indemnité de 200 francs, soit ensemble 1,800 francs.

Plusieurs membres font observer qu'en raison des décisions prises par la Commission, il y a lieu de remanier complètement les articles 1 à 4 du projet de décret et proposent le renvoi à la sous-commission.

Ce renvoi est prononcé.

Art. 5. M. Jacoulet propose de ne pas déterminer dans le décret le montant de l'indemnité que recevront les professeurs chargés de l'enseignement de l'agriculture dans les écoles normales. Il suffirait de renvoyer, en ce qui concerne cette indemnité, à l'article 116 du décret du 18 janvier 1887 qui prévoit les indemnités à accorder aux professeurs des écoles normales chargés de cours accessoires, dans la catégorie desquels l'agriculture rentrerait. L'indemnité attachée au cours d'agriculture serait la même que pour les autres cours accessoires.

Cette proposition est adoptée.

Art. 6. M. le Président demande que la rédaction de cet article trop absolu, à son avis, soit modifiée de la façon suivante : au lieu de «l'enseignement agricole dans les écoles normales *est placé sous la surveillance* des inspecteurs généraux de l'agriculture», dire «le *contrôle* de l'enseignement agricole dans les écoles normales est *confié* aux inspecteurs de l'agriculture».

Cette modification est approuvée.

La séance est levée à 6 heures 1/2.

PROJET DE DÉCRET

RELATIF À L'ORGANISATION DE L'ENSEIGNEMENT DÉPARTEMENTAL DE L'AGRICULTURE.

(PREMIÈRE PARTIE.)

DEUXIÈME RÉDACTION.

Vu la loi du 16 juin 1879 relative à l'enseignement départemental et communal de l'agriculture;

Vu le décret du 9 juin 1880 relatif à l'application de cette loi;

Vu le décret et l'arrêté du 18 janvier 1887 concernant le régime de l'école normale primaire supérieure de Saint-Cloud, l'enseignement agricole dans les écoles normales primaires et les examens du brevet de capacité;

Vu l'article de la loi des finances en date du ;

Vu l'avis de la Commission instituée par arrêté du 24 octobre 1887 pour l'étude des questions relatives à l'enseignement agricole dans les établissements universitaires;

Sur le rapport des Ministres de l'agriculture et de l'instruction publique;

Le Conseil d'État entendu,

DÉCRÈTE :

ENSEIGNEMENT AGRICOLE À L'ÉCOLE NORMALE.

ART. 1er. L'enseignement agricole dans les écoles normales primaires peut être confié aux professeurs de l'ordre des sciences desdites écoles, pourvus du diplôme de l'Institut national agronomique ou des écoles nationales d'agriculture.

ART. 2. Le diplôme de l'Institut national agronomique peut être délivré aux professeurs d'écoles normales et d'écoles primaires supérieures en exercice et aux anciens élèves de l'école normale de Saint-Cloud qui, après avoir accompli un stage d'une année au moins à l'Institut national agronomique, ont satisfait aux examens de sortie de cet établissement. Cette année de stage tiendra lieu aux élèves de l'école normale de Saint-Cloud de la troisième année d'études qu'ils sont tenus de faire dans cette école aux termes de l'arrêté du 18 janvier 1887.

Le stage est compté pour l'avancement et la retraite; les stagiaires reçoivent sur les fonds du Ministère de l'agriculture une bourse de 1,500 francs et, sur les fonds du Ministère de l'instruction publique, un traitement annuel d'inactivité de 100 francs, soumis aux retenues, et une indemnité de 200 francs représentant leurs frais d'habillement et de voyage.

ART. 3. Les élèves diplômés de l'Institut national agronomique ou des écoles nationales d'agriculture sont admis, sans autre titre, à concourir pour l'admission à l'école de Saint-Cloud.

ART. 4. Les professeurs d'école normale qui ont satisfait aux conditions prescrites ci-dessus reçoivent, tant qu'ils donnent l'enseignement agricole dans les écoles normales, l'indemnité annuelle prévue par l'article 116 de l'arrêté du 18 janvier 1887.

ART. 5. Le contrôle de l'enseignement agricole dans les écoles normales est confié aux inspecteurs de l'agriculture. Ces fonctionnaires adressent tous les ans au Ministre de l'agriculture, qui les transmet au Ministre de l'instruction publique, des rapports sur l'état et les résultats de cet enseignement.

Séance du 30 décembre 1887.

La séance est ouverte à 4 heures 1/2, sous la présidence de M. GRÉARD.

Le procès-verbal de la dernière séance est lu et adopté.

L'ordre du jour appelle la suite de la discussion du projet de décret relatif à l'enseignement agricole départemental.

Le texte de la 1re partie de ce projet (enseignement agricole dans les écoles normales), renvoyé à la sous-commission à l'issue de la séance précédente et remanié par elle, est soumis à l'examen de la Commission.

« ART. 1er. L'enseignement agricole dans les écoles normales primaires peut être confié aux professeurs de l'ordre des sciences desdites écoles, pourvus du diplôme de l'Institut national agronomique ou des écoles nationales d'agriculture.

« Art. 2. Le diplôme de l'Institut national agronomique peut être délivré aux professeurs d'écoles normales et d'écoles primaires supérieures en exercice et aux anciens élèves de l'école normale de Saint-Cloud qui, après avoir accompli un stage d'une année au moins à l'Institut national agronomique, ont satisfait aux examens de sortie de cet établissement. Cette année de stage tiendra lieu aux élèves de l'école normale de Saint-Cloud de la 3e année d'études qu'ils sont tenus de faire dans cette école, aux termes de l'arrêté du 18 janvier 1887.

« Le stage est compté pour l'avancement et la retraite; les stagiaires reçoivent sur les fonds du Ministère de l'agriculture une bourse de 1,500 francs et, sur les fonds du Ministère de l'instruction publique, un traitement annuel d'inactivité de 100 francs soumis aux retenues et une indemnité de 200 francs représentant leurs frais d'habillement et de voyage.

« Art. 3. Les élèves diplômés de l'Institut national agronomique ou des écoles nationales d'agriculture sont admis, sans autre titre, à concourir pour l'admission à l'école de Saint-Cloud.

« Art. 4. Les professeurs d'école normale qui ont satisfait aux conditions prescrites ci-dessus reçoivent, tant qu'ils donnent l'enseignement agricole dans les écoles normales, l'indemnité annuelle prévue par l'article 116 du décret du 18 janvier 1887.

« Art. 5. Le contrôle de l'enseignement agricole dans les écoles normales est confié aux inspecteurs de l'agriculture. Ces fonctionnaires adressent tous les ans au Ministre de l'agriculture, qui les transmet au Ministre de l'instruction publique, des rapports sur l'état et les résultats de cet enseignement. »

Plusieurs membres font remarquer que cette nouvelle rédaction ne concorde pas dans son ensemble avec les dispositions qui semblaient précédemment arrêtées. Les articles 1 et 2 notamment, qui imposent aux professeurs d'agriculture des écoles normales l'obtention du diplôme de l'Institut agronomique, ont mal traduit les intentions de la Commission.

Celle-ci, malgré les objections élevées par M. Buisson contre la création d'un titre spécial pour constater l'aptitude à l'enseignement agricole, n'a pas entendu exiger des stagiaires, après une seule année d'études agricoles, le diplôme que les élèves réguliers de l'Institut agronomique n'acquièrent qu'au prix de deux ans de préparation.

M. Risler explique d'ailleurs que le diplôme de l'enseignement supérieur de l'agriculture est attribué aux élèves de l'Institut, non à la suite d'un examen de sortie, mais d'après le résultat combiné des notes obtenues par ces élèves dans les divers exercices au cours de leurs deux années d'études; cette base d'appréciation ne saurait donc être adoptée pour les stagiaires, qui ne doivent séjourner qu'un an à l'école supérieure d'agriculture.

La Commission approuve cette manière de voir et décide de reviser successivement les articles du projet.

Après un échange d'observations, les articles 1 et 2 sont réunis en un seul et la rédaction suivante est adoptée.

« Art. 1er (*nouveau*). *L'enseignement agricole dans les écoles normales primaires peut être*

confié aux professeurs de l'ordre des sciences desdites écoles et des écoles primaires supérieures, et aux élèves de l'école normale primaire supérieure de Saint-Cloud pourvus du certificat d'aptitude au professorat (ordre des sciences), à la condition pour les uns et les autres d'avoir accompli un stage d'une année à l'Institut national agronomique. Cette année de stage tiendra lieu aux élèves de la 3e année d'études qu'ils sont tenus de faire à Saint-Cloud, aux termes de l'arrêté du 18 janvier 1887.

« *Les stagiaires de l'une et de l'autre catégorie jouissent, sur les fonds du Ministère de l'agriculture, d'une bourse de 1,500 francs. Le stage leur est compté pour l'avancement et la retraite : ils reçoivent à cet effet, sur les fonds du Ministère de l'instruction publique, un traitement d'inactivité de 100 francs soumis aux retenues; il leur est alloué en outre, sur le même budget, une indemnité de 200 francs représentant leurs frais de trousseau, d'habillement et de voyage.* »

Au sujet de l'article 3 (art. 2 nouveau), M. Salicis propose un amendement ayant pour objet d'élargir le privilège accordé aux élèves diplômés de l'Institut agronomique et des écoles nationales d'agriculture, et de les autoriser à prendre part, sans autre titre, non seulement au concours d'admission à l'école de Saint-Cloud, mais aussi, et sans passer par cette école, à l'examen du certificat d'aptitude au professorat des écoles normales.

M. le Président déclare que, sans être personnellement opposé à l'adoption de cette proposition, dictée par un sentiment de bienveillance qu'il apprécie, il croit devoir la combattre, parce qu'elle lui paraît s'écarter du but à atteindre.

Il ne s'agit pas en effet, dans l'espèce, d'ouvrir des carrières à des jeunes gens, mais de créer un enseignement fort et de former des professeurs capables de le distribuer avec autorité. Le résultat sera d'autant mieux atteint que la préparation de ces professeurs aura été plus complète, et l'école de Saint-Cloud présente à ce point de vue des garanties plus sérieuses que le seul examen du professorat.

M. Tisserand partage cet avis; il ne votera pas la proposition, qui permettrait aux anciens élèves des écoles d'agriculture de se soustraire, pour entrer dans l'enseignement des écoles normales, à la préparation ardue mais salutaire de l'école de Saint-Cloud.

M. Jacoulet observe d'ailleurs que ces jeunes gens resteront toujours libres de se présenter, dans les conditions ordinaires, aux examens du professorat.

L'amendement de M. Salicis n'est pas adopté.

M. Buisson fait remarquer que, si l'on veut régler d'une manière absolue le sort des élèves diplômés d'écoles d'agriculture dans le sens indiqué par l'article en discussion, il ne suffit pas de les dispenser, pour prendre part au concours d'admission à l'école de Saint-Cloud, des titres exigés des autres candidats : il faut encore que cette même immunité leur soit assurée pour se présenter à l'examen du professorat qu'ils devront subir en sortant de Saint-Cloud.

M. le Président estime que ce doit être une conséquence naturelle du privilège accordé aux jeunes gens dont il s'agit : leur imposer à leur sortie de Saint-Cloud la présentation de titres dont ils étaient dispensés pour y entrer constituerait une violation de contrat. Il ne s'oppose pas néanmoins à ce qu'une disposition spéciale soit introduite dans le règlement, pour éviter dans l'avenir toute contestation à cet égard.

La Commission se range à cette manière de voir, et l'article 2 est adopté avec la rédaction suivante :

« Art. 2. *Les jeunes gens pourvus du diplôme de l'Institut agronomique ou des écoles nationales d'agriculture sont admis sans autres conditions à prendre part au concours d'admission à l'école normale de Saint-Cloud et, à leur sortie de cette école, aux examens du certificat d'aptitude au professorat. Ils sont dispensés du stage prévu à l'article qui précède.* »

Le texte des articles 4 et 5 du projet est maintenu sans discussion. Ces articles prennent dans la nouvelle rédaction les numéros 3 et 4.

La Commission aborde ensuite l'examen de la 2e partie du projet de décret (enseignement agricole dans les campagnes).

La lecture de ce travail fait ressortir que la presque totalité des dispositions qu'il contient ne sont que la reproduction de celles du décret du 9 juin 1880. Comme ces dernières sont elles-mêmes l'objet de nombreuses critiques, M. Tisserand est d'avis qu'il n'y a pas lieu de leur donner une seconde consécration en les faisant figurer dans le nouveau règlement, et il fait remarquer qu'on ne saurait songer d'autre part à les modifier par cette voie, puisqu'elles ont été réglées en exécution de la loi du 16 juin 1879.

La Commission se rallie à cette opinion et les articles 7, 8 et 9 sont, dans cet ordre d'idées, successivement supprimés.

Le premier paragraphe de l'article 10, ainsi conçu : « Le traitement des professeurs départementaux est payé en totalité sur les fonds du Ministère de l'agriculture », retient quelque temps l'attention de la Commission. La question soulevée par cet article touche au principe même de la séparation des crédits attribués aux deux Ministères pour l'enseignement agricole : il n'est pas possible de l'éluder, mais c'est à une loi et non à un décret qu'il appartient de la trancher.

M. Jacoulet rappelle que la Commission s'est accordée, dans une précédente séance, pour reconnaître à la loi de finances le pouvoir de statuer sur la matière.

M. Buisson ajoute que, le principe de la séparation étant une fois consacré par la loi de finances, celle-ci devra effectuer le départ entre les deux Ministères de la somme de 1,500 francs actuellement attribuée à l'instruction publique pour chaque professeur d'agriculture.

M. le Président fait remarquer que les professeurs en exercice continueront d'être payés, comme par le passé, sur les fonds des deux Ministères, tant que leurs services ne seront pas séparés. Le transfèrement des crédits sera progressif et ne s'opérera qu'au fur et à mesure des changements de services. M. le Président constate de nouveau que la mesure se traduira en définitive par une augmentation de charges pour l'État.

M. Jacoulet évalue à 90,000 ou 100,000 francs le chiffre total de la dépense.

La Commission espère que le Parlement, qui s'est toujours montré bien disposé pour l'agriculture, ne se refusera pas à voter cette somme, répartie d'ailleurs sur dix exercices environ et réduite ainsi à 10,000 francs par an.

La discussion s'engage ensuite sur la marche à suivre pour soumettre la réforme à l'approbation du Parlement.

M. Buisson fait observer que la Commission du budget a terminé ses travaux à l'heure actuelle; que son projet conclut à une diminution de 50,000 francs sur le crédit attribué à l'instruction publique, et qu'il lui est difficile de remanier son travail au moment où la discussion va s'ouvrir devant la Chambre. Le moyen le plus simple consisterait, d'après M. Buisson, à faire présenter par un membre du Parlement un amendement conforme aux conclusions de la Commission de l'enseignement agricole, amendement auquel les Ministres se rallieraient en repoussant la réduction du rapporteur du budget.

Quelques membres émettent des craintes touchant l'efficacité de cette procédure, dont ils appréhendent l'imprévu.

M. le Président pense qu'il est encore temps pour la Commission du budget de modifier ses conclusions par un article additionnel tendant à demander au Parlement, d'accord avec le Gouvernement, un crédit supplémentaire de 10,000 francs.

La Commission adopte cet avis et décide qu'une démarche dans ce sens sera tentée auprès de M. le Rapporteur du budget. Dans le cas où cette démarche ne pourrait aboutir, faute de temps, on reviendrait au moyen proposé par M. Buisson.

En conséquence de ce qui précède, l'article 10 et successivement les autres articles de la deuxième partie du projet sont supprimés. Cette partie tout entière étant ainsi retranchée du projet, celui-ci se trouve réduit aux quatre articles dont le texte définitif a été adopté au début de la séance.

La Commission s'ajourne ensuite à quinzaine pour l'examen des programmes élaborés par la sous-commission composée de MM. Salicis et Prillieux.

PROJET DE DÉCRET

RELATIF À L'ENSEIGNEMENT DE L'AGRICULTURE DANS LES ÉCOLES NORMALES PRIMAIRES.

RÉDACTION DÉFINITIVEMENT ADOPTÉE.

Le Président de la République,

Vu la loi du 16 juin 1879 relative à l'enseignement départemental et communal de l'agriculture;

Vu le décret du 9 juin 1880 relatif à l'application de cette loi;

Vu le décret et l'arrêté du 18 janvier 1887 concernant le régime de l'école normale primaire supérieure de Saint-Cloud, l'enseignement agricole dans les écoles normales primaires et les examens du brevet de capacité;

Vu l'article de la loi de finances en date du ;

Vu l'avis de la Commission instituée par arrêté du 24 octobre 1887 pour l'étude des questions relatives à l'enseignement agricole dans les établissements universitaires;

Sur le rapport des Ministres de l'agriculture et de l'instruction publique;

Le Conseil d'État entendu,

Décrète :

Art. 1er. L'enseignement agricole dans les écoles normales primaires peut être confié aux professeurs de l'ordre des sciences desdites écoles et des écoles primaires supérieures, et aux élèves de l'école normale primaire supérieure de Saint-Cloud pourvus du certificat d'aptitude au professorat (ordre des sciences), à la condition, pour les uns et les autres, d'avoir accompli un stage d'une année à l'Institut national agronomique. Cette année de stage tiendra lieu aux élèves de la troisième année d'études qu'ils sont tenus de faire à Saint-Cloud, aux termes de l'arrêté du 18 janvier 1887.

Les stagiaires de l'une et de l'autre catégorie jouissent, sur les fonds du Ministère de l'agriculture, d'une bourse de 1,500 francs. Le stage leur est compté pour l'avancement et la retraite; ils reçoivent à cet effet, sur les fonds du Ministère de l'instruction publique, un traitement d'inactivité de 100 francs soumis aux retenues; il leur est alloué en outre, sur le même budget, une indemnité de 200 francs représentant leurs frais de trousseau, d'habillement et de voyage.

Art. 2. Les jeunes gens pourvus du diplôme de l'Institut agronomique ou des écoles nationales d'agriculture sont admis sans autres conditions à prendre part au concours d'admission à l'école normale de Saint-Cloud et, à leur sortie de cette école, aux examens du certificat d'aptitude au professorat. Ils sont dispensés du stage prévu à l'article qui précède.

Art. 3. Les professeurs d'école normale qui ont satisfait aux conditions prescrites ci-dessus reçoivent, tant qu'ils donnent l'enseignement agricole dans les écoles normales, l'indemnité annuelle prévue par l'article 116 du décret du 18 janvier 1887.

Art. 4. Le contrôle de l'enseignement agricole dans les écoles normales est confié aux inspecteurs de l'agriculture. Ces fonctionnaires adressent tous les ans au Ministre de l'agriculture, qui les transmet au Ministre de l'instruction publique, des rapports sur l'état et les résultats de cet enseignement.

Séance du 13 janvier 1888.

La séance est ouverte à 4 heures, sous la présidence de M. Gréard.

Lecture est donnée à la Commission du procès-verbal de la dernière séance.

A propos de l'article 1er du projet de décret adopté dans cette réunion, M. Salicis demande dans quelles conditions les professeurs d'écoles normales et d'écoles primaires supérieures seront admis à accomplir à l'Institut agronomique le stage prévu audit article : leur sera-t-il accordé un congé et leur donnera-t-on la garantie d'un replacement ultérieur?

M. le Président répond que le règlement de cette question doit être réservé à l'Administration : celle-ci ne manquera pas de sauvegarder les droits des intéressés. Le projet de décret leur donne déjà du reste un commencement de satisfaction, en prévoyant d'une manière explicite que l'année de stage sera comptée pour l'avancement et la retraite.

Sous le bénéfice de cette observation et d'une modification de détail apportée, sur la proposition de M. Salicis, à la rédaction du même article du projet, le procès-verbal de la séance du 30 décembre est adopté.

L'ordre du jour appelle l'examen du programme d'enseignement agricole à l'école primaire dont l'élaboration a été dévolue à MM. Salicis et Prillieux.

Ces Messieurs exposent qu'il s'agit dans l'espèce d'un enseignement nouveau, et qu'il conviendrait avant toutes choses d'asseoir cet enseignement sur un principe : il sont donc tombés d'accord, après une première étude, sur la nécessité de préciser l'esprit du programme avant d'en aborder la rédaction.

M. Prillieux a préparé, dans cet ordre d'idées, une note avant-projet qu'il soumet à la Commission.

NOTE SUR L'ENSEIGNEMENT DE L'AGRICULTURE DANS LES ÉCOLES PRIMAIRES.

Dans les campagnes, l'instituteur porte à lui seul tout le poids de l'enseignement. Il ne peut, comme celui des villes, compter sur les écoles maternelles ni sur les familles pour apprendre aux enfants les premiers éléments dont l'étude est toujours si laborieuse, ni consacrer tout son temps aux élèves d'une seule division; aussi beaucoup de ces derniers n'arrivent-ils pas à savoir écrire et compter convenablement quand ils quittent l'école, vers leur douzième année. D'autre part, il ne faut pas se dissimuler que les parents, désireux d'utiliser le travail de leurs enfants, ne consentent le plus souvent à les envoyer à l'école que le temps strictement obligatoire.

Y a-t-il lieu dans ces conditions d'introduire dans le programme des écoles primaires rurales un enseignement nouveau, et d'employer chaque semaine quelques heures de classe à l'enseignement dogmatique de l'agriculture? A notre avis, cette mesure porterait une atteinte fâcheuse à l'enseignement élémentaire sans profiter au progrès de l'agriculture.

Ce n'est pas à dire que l'on doive renoncer à donner aux enfants de la campagne des connaissances qui peuvent leur être d'une grande utilité dans l'exercice de la profession d'agriculteur, mais il convient de le faire d'une façon pour ainsi dire détournée et non par une série régulière de leçons. Il ne nous semble pas nécessaire de modifier le cadre actuel de l'enseignement primaire, nous demandons seulement qu'on en modifie l'esprit, qu'une orientation nouvelle le rapproche davantage des réalités de la vie agricole.

Dans le *Bulletin administratif* du Ministère de l'instruction publique de l'année 1867, où sont consignées tant d'observations intéressantes relatives à l'enseignement de l'agriculture dans les écoles primaires, il est un point constamment admis, mais à tort à notre avis : c'est que l'on doit adopter un même programme d'enseignement agricole pour les écoles primaires rurales et pour les écoles normales, malgré la différence qui existe nécessairement dans la condition intellectuelle des élèves qui fréquentent ces deux sortes d'établissements. Nous comprenons mal quel avantage des élèves d'école primaire, ayant une instruction rudimentaire, pourraient tirer d'un cours d'agriculture aussi développé que doit être celui d'une école normale, et nous croyons, tout au contraire, que sans faire un cours d'agriculture, l'instituteur pourrait, par un choix judicieux des divers exercices de la classe, fournir d'excellentes notions pratiques à ses élèves. Rien ne serait plus facile que d'attirer, dans les leçons de lecture et dans les dictées, l'attention des enfants sur quelque fait relatif à l'agriculture ou à l'histoire naturelle, de chercher des sujets de rédaction dans la vie journalière du cultivateur, de donner pour modèle d'écriture des formules de reçus, de réclamations, etc., aussi intéressants pour les parents que pour les enfants.

Pourquoi aux exercices abstraits de calcul ne substituerait-on pas des problèmes qui mettraient en relief les détails de la pratique d'une opération agricole? Pourquoi n'apprendrait-on pas aux enfants à rédiger un livre journal en leur donnant des exemples de la tenue d'une comptabilité très simple?

Les leçons de géométrie données aux élèves de la division supérieure devraient tout naturellement conduire à la mesure des surfaces usuelles, au cubage d'un arbre, au jaugeage d'une cuve, etc., et être suivis d'exercices sur le terrain où les élèves apprendraient à évaluer la contenance d'une pièce de terre, à en lever le plan, à tracer au niveau une rigole d'irrigation ou de drainage.

Des recueils de dictées, de lectures et de problèmes spécialement rédigés par des personnes compétentes en agriculture seraient fort utilement mis entre les mains des instituteurs; ces recueils leur fourniraient sous une forme simple toutes les indications dont ils pourraient avoir besoin.

Outre ces exercices, qui ne sont que des applications de l'enseignement général à l'agriculture, il serait bon de consacrer à l'enseignement pratique de l'horticulture et de l'agriculture les promenades hebdomadaires du jeudi et quelques heures, après la classe, les autres jours de la semaine.

Le conseil départemental fixerait pour chaque localité de son ressort le temps qu'il conviendrait d'affecter à ces exercices.

L'instituteur expert dans la conduite des arbres fruitiers et la pratique du jardinage pourrait très bien faire exécuter, à tour de rôle, par ses élèves les diverses opérations de la culture maraîchère et fruitière et leur donner à cette occasion des explications à leur portée. Il ne négligerait jamais de faire précéder chaque exercice de dictées ou de lectures appropriées.

Une dictée sur la nature des graines et sur les conditions de leur évolution précéderait, par exemple, l'exécution des semis et fixerait exactement le sens des termes que le maître devrait employer dans ses explications. Celles-ci l'amèneraient tout naturellement à parler des opérations de la grande culture, lesquelles ne diffèrent, en réalité, de celles du jardinage que par leur mode d'exécution plus rapide et par leur moindre perfection.

Selon la façon dont cet enseignement pratique du jardinage sera accueilli par les parents des élèves, l'instituteur lui donnera plus ou moins de développement, mais il devra toujours veiller avec grand soin qu'on ne puisse l'accuser de chercher à tirer profit du travail des enfants; c'est leur instruction qu'il doit toujours avoir en vue; il ne faut pas que les parents aient le moindre doute à cet égard.

Enfin, un maître instruit en agriculture et désireux de développer les connaissances agricoles de ses élèves peut très avantageusement utiliser des promenades qui seraient faites le jeudi, en donnant à chacune, comme but déterminé, l'observation d'une opération culturale. Un jour, par exemple, il conduira les enfants dans un verger où l'on plante des arbres. Le propriétaire, guidé par les questions de l'instituteur, leur dira pour quelles raisons on a creusé les trous destinés à recevoir les arbres à telle époque plutôt qu'à telle autre, pourquoi on a disposé d'une façon spéciale les différentes terres qu'on a extraites, etc. Un autre jour, on examinera les charrues employées dans le pays; le laboureur interrogé par l'instituteur indiquera aux enfants les principaux organes et leur fonctionnement, les conditions d'un bon labour, etc., ainsi de suite. Toujours l'instituteur fera appel à la collaboration des agriculteurs expérimentés, qui ne lui refuseront certainement pas leur concours. Il aura sans doute bien des réserves à faire, bien des critiques à exercer; à cet égard, l'instituteur ne saurait montrer trop de circonspection. En mettant sous les yeux des enfants les meilleurs exemples et les meilleures pratiques, il peut compter que la comparaison fera ressortir ce que les mauvaises présentent de condamnable.

Après chaque course, l'instituteur devra interroger ses élèves sur ce qu'ils auront vu et résumer leurs observations sous la forme de courte conférence ou même de dictée. Il en pourra très bien faire le sujet d'un exercice de rédaction.

Il devra noter, en outre, sur un cahier spécial la date et le sujet de chacune des promenades agricoles, des exercices d'arpentage, de nivellement, etc. Ces notes fourniront d'excellents renseignements sur la façon dont l'instituteur aura compris et dirigé l'enseignement pratique de l'agriculture dans son école.

L'enseignement agricole dans les écoles primaires rurales devrait être soumis au contrôle de personnes compétentes qui transmettraient leurs observations à l'autorité académique. On pourrait dans ce but désigner par canton deux des agriculteurs les plus éclairés, auxquels s'adjoindrait le professeur départemental d'agriculture; ils adresseraient chaque année à l'inspecteur primaire un rapport sur chacun des instituteurs et des propositions de récompenses pour les plus méritants.

Après avoir donné lecture de cette note, où sont développés sous forme de plan d'ensemble les principes généraux de la méthode préconisée par la sous-commission, M. Prillieux fait remarquer que l'idée dominante de cette méthode est de donner à l'école primaire l'enseignement agricole sans cours d'agriculture. La leçon de choses et des exercices de lecture, d'écriture, de rédaction et de calcul convenablement appropriés seraient les moyens couramment employés pour inculquer aux enfants les premiers éléments de la science agricole, que des applications dans le jardin de l'école et des démonstrations sur le terrain, exécutées au cours de la promenade hebdomadaire du jeudi, viendraient compléter au point de vue pratique. Quant aux leçons théoriques, on s'est scrupuleusement appliqué dans ce système à les écarter de l'école primaire : le cours dogmatique d'agriculture ne commencera à trouver sa place qu'à l'école primaire supérieure et à l'école normale.

M. Salicis confirme ces observations; il aurait toutefois désiré que le côté pratique de l'enseignement agricole à l'école primaire fût encore plus accentué dans la note. Partant de ce principe que l'on ne retient bien que ce que l'on a vu ou fait soi-même, il voudrait que l'enfant fût mis en contact avec la terre et prît une part plus effective aux travaux de culture.

M. Prillieux fait remarquer que la note donne, dans la mesure du possible, satisfaction à ce desideratum.

M. Jacoulet exprime des craintes sur les résultats d'un mode d'enseignement absolument dépourvu de lien et de trame. Un cours dogmatique, si faible soit-il, lui paraît nécessaire, au moins pour la division supérieure. D'un autre côté, l'application intégrale du procédé qu'on vient d'indiquer se traduira pour les instituteurs, déjà si chargés de besogne, par un surcroît de travail que les plus zélés accepteront sans doute, mais que le plus grand nombre éludera, s'il n'est contraint d'en justifier par la trace d'un cours suivi.

M. Jacoulet se ralliera donc au programme proposé si les éléments, un peu épars, selon lui, en sont reliés par le moindre cours.

M. Prillieux ne pense pas que l'application de son programme, en ce qui concerne du moins le travail au jardin et les démonstrations pratiques, augmente notablement les charges professionnelles des instituteurs; il appartiendra d'ailleurs à l'Administration de modérer ses exigences et de ne leur imposer à cet égard que le strict nécessaire.

M. Salicis quitte la réunion.

M. Mamelle est d'avis, comme M. Jacoulet, qu'on ne peut enseigner l'agriculture à l'école primaire sans cours régulier. Il se fonde notamment sur la nécessité de donner une sanction au nouvel enseignement, qui, pour répondre à un vœu généralement émis, doit figurer dans les matières du certificat d'études. On a également parlé de récompenses honorifiques pour les instituteurs qui s'acquitteraient le mieux de leur tâche. Or comment obtenir ces différentes sanctions, si l'enseignement n'est pas uniforme? En se bornant à inviter par une circulaire ministérielle les instituteurs à donner l'enseignement tel que le conçoivent les rédacteurs de la note, on risque de ne pas atteindre le but.

M. Prillieux fait remarquer que le cadre de son programme n'exclut nullement l'ensemble et la méthode qu'on lui reproche de négliger. Rien ne s'oppose à ce que les exercices scolaires (rédactions, dictées, lectures, etc.) et les applications pratiques sur lesquelles il établit sa base d'enseignement soient choisis conformément à un ensemble et réglés d'après une progression déterminée. Aucun obstacle non plus à ce que le zèle des maîtres et l'assiduité des élèves soient constatés au cours d'une visite ou à la suite d'un examen. M. Prillieux a d'ailleurs préparé, dans l'esprit de sa note, les éléments d'un projet de programme auquel il s'efforcera de donner l'unité et la cohésion désirables, et pour l'application duquel on pourra adopter dans les écoles un recueil gradué présentant, en regard de chaque sujet traité, l'exercice pratique qui y correspond.

M. Risler trouve excellente l'idée fondamentale de M. Prillieux; néanmoins le système qu'on lui oppose a son bon côté, et l'on pourrait peut-être avec avantage, l'une complétant l'autre, combiner les deux méthodes : celle de la sous-commission serait appliquée pendant les deux premières années d'études, la troisième année seule suivrait un cours régulier.

M. le Président se déclare partisan de l'instruction agricole à tous les degrés, et il ne dépendra pas de lui que la jeunesse scolaire n'en soit largement dotée; mais il se demande si l'enseignement agricole développé par principes est bien du cadre de l'enseignement primaire élémentaire. Doit-on indéfiniment élargir ce cadre et renchérir encore sur l'envahissement déjà dangereux des programmes actuels? Il semblerait plus sage au contraire de le modérer. Dans tous les cas, l'école primaire ne peut donner que l'instruction primaire, et l'on ne doit pas lui demander davantage, sous peine de la faire sortir de son rôle. Un enseignement pratique, préparé par l'énoncé simple des faits et complété par leur observation, c'est là tout ce qu'on peut en attendre.

L'enseignement agricole tel que le conçoit M. Jacoulet, c'est-à-dire une alternance méthodique de leçons dogmatiques et d'exercices d'application, rentre dans les conditions de l'école primaire supérieure : il y est indiqué. A l'école primaire, pas de doctrine : un guide analogue au recueil gradué dont il a été question suffira. Quant au contrôle, il ne saurait manquer : la surveillance des inspecteurs et surtout l'intérêt que portera au nouvel enseignement l'entourage de l'école en sont garants. Au reste, des exemples choisis sur différents points du territoire, et notamment dans un département voisin où l'enseignement agricole est en grand honneur, témoignent que cette manière de procéder, exempte de tout appareil, est cependant féconde en résultats.

Un échange d'observations a lieu entre M. le Président, MM. Jacoulet et Risler sur le point de savoir s'il ne serait pas possible de réduire le programme du cours supérieur des écoles primaires rurales pour y faire, sans le surcharger, une place à l'enseignement agricole. Cette modification paraît d'autant plus aisée que certains cours desdites écoles, le cours de sciences physiques et naturelles par exemple, doivent avoir l'agriculture pour objectif normal. La pratique et les exercices agricoles font même déjà partie, en fait, du programme des écoles rurales, car le travail manuel figure dans ces programmes, et le véritable travail manuel, à la campagne, est le travail de la culture.

On pourrait donc, par une légère transformation de l'état de choses actuel, introduire naturellement et presque sans transition dans les écoles rurales un enseignement agricole élémentaire dont les données, exclusivement pratiques pendant les deux premières années, seraient l'objet d'un résumé succinct dans le cours supérieur.

M. le Président croit, en effet, à l'utilité d'un résumé de ce genre, à la condition qu'il n'ait d'autre caractère que celui d'une revision simple et rapide. Il insiste sur les dangers d'un programme qui substituerait à l'instruction pratique l'enseignement dogmatique et la formule; celle-ci vient d'elle-même par l'observation, et tout ce qui pourra ramener l'enfant à l'observation sera fructueux.

M. Risler demande que la Commission s'affirme en principe sur la nécessité d'appliquer à toutes les écoles primaires un programme unique et sur la direction à donner à cet enseignement.

M. Prillieux voudrait que la réunion émît également un vœu tendant à la séparation des écoles primaires en deux catégories distinctes au point de vue de l'enseignement : écoles urbaines et écoles rurales. L'application d'un programme spécial à ces deux catégories permettrait de diriger l'enseignement de chacune d'elles vers leur but rationnel : celui des villes vers l'industrie, celui des campagnes vers l'agriculture.

M. le Président est d'avis que l'on ne peut dès à présent formuler des combinaisons trop fermes, et qu'il n'y a pas lieu d'autre part, en l'absence de MM. Buisson et Tisserand, d'aborder encore l'examen d'un programme proprement dit. Néanmoins la discussion qui précède a fait ressortir un ensemble de dispositions générales sur lesquelles la Commission est tombée d'accord et qu'il convient de fixer, parce qu'elles serviront de point de départ au travail de la prochaine séance.

Ces dispositions sont les suivantes :

1° *L'enseignement agricole peut et doit être introduit dans l'école primaire rurale;*

2° *Cet enseignement sera donné, pendant les deux premières périodes, sous forme d'exercices scolaires tels que dictées, rédactions, etc., accompagnés d'observations sur le terrain, et fera l'objet, en troisième année, d'un résumé où seront passés en revue et en quelque sorte catalogués les principes généraux dont l'observation aura été faite au cours des deux périodes précédentes;*

3° *Pour développer l'enseignement agricole dans cette voie, la distribution d'encouragements de toute nature est le moyen reconnu le plus efficace.*

C'est d'après ces données désormais admises que la Commission demande à M. Prillieux, non pas de développer sa note, qui reste entière et constitue en elle-même un ensemble complet, mais de préparer un programme en harmonie avec cette note, en se préoccupant d'éviter tout ce qui pourrait donner à la nouvelle branche de l'enseignement primaire un caractère trop extensif.

Enfin, et comme conclusion générale, *la Commission émet le vœu que l'Administration mette à l'étude la refonte des programmes de l'enseignement primaire en vue de les approprier aux milieux dans lesquels ils doivent être appliqués.*

Il est décidé ensuite que la composition de la sous-commission doit être modifiée, en raison de la spécialité de ses travaux : M. Salicis y est en conséquence remplacé par M. Tisserand.

M. Mamelle, se reportant à l'origine de la Commission, rappelle qu'elle n'a pas pour unique objectif l'introduction de l'enseignement agricole dans l'école primaire. Les écoles primaires supérieures devront retenir aussi son attention, et il serait désirable que l'enseignement de l'agriculture y reçût une sanction.

M. le Président répond qu'en effet la tâche de la Commission n'est pas limitée à la seule école primaire élémentaire. Elle aura à régler l'organisation de l'enseignement agricole successivement dans les écoles primaires supérieures, dans les écoles normales et dans d'autres établissements d'instruction, s'il y a lieu. Les questions [illegible] mises à son examen sont nombreuses, et elle ne se séparera pas avant d'avoir rempli son programme.

La Commission s'ajourne à quinzaine.

La séance est levée à 5 heures 1/2.

Séance du 27 janvier 1888.

La séance est ouverte à 3 heures 1/2, sous la présidence de M. Gréard.

Le procès-verbal de la dernière séance est lu et adopté.

Sont communiquées à la Commission :

1° Une délibération de la Société centrale d'horticulture de Meurthe-et-Moselle au sujet de l'introduction de l'enseignement horticole théorique et pratique dans le programme de l'enseignement primaire;

2° Une lettre de M. Groult relative à l'institution des musées cantonaux destinés à favoriser le développement de l'enseignement agricole;

3° Une lettre de M. Depeteau, instituteur à Prauthoy (Haute-Marne), qui se met à la disposition de la Commission pour lui faire connaître la méthode qu'il a employée avec succès pour l'enseignement de l'agriculture dans son école.

La Commission prend acte de ces propositions dont les auteurs sont remerciés. M. Depeteau sera invité à faire parvenir son programme.

Un certain nombre de communications du même genre ont été adressées à M. le Ministre de l'agriculture, en vue d'être soumises à la Commission. M. Marignac est chargé d'en rendre compte à la prochaine réunion.

L'ordre du jour appelle la discussion du projet de programme d'enseignement agricole dans les écoles primaires élémentaires.

M. Salicis fait observer que cette question a été déjà examinée par la Commission de revision des programmes instituée au Ministère de l'instruction publique. Il serait intéressant de consulter à ce sujet, au moins à titre de document, le rapport présenté au nom de la deuxième sous-commission.

M. Prillieux expose qu'il a été d'accord avec M. le Directeur de l'agriculture pour reconnaître l'impossibilité de rédiger un programme à l'usage des écoles primaires.

L'enseignement de l'agriculture à l'école primaire doit, en effet, se borner à attirer l'attention des enfants sur ce qui se passe autour d'eux, dans la campagne, à les y intéresser dans la mesure de leur âge, et à leur donner quelques notions scientifiques sur les diverses opérations de culture dont ils sont témoins chaque jour. Ainsi entendu, l'enseignement agricole ne peut comporter un programme uniforme. Au lieu de chercher à tracer ce programme, il faut tâcher de donner aux instituteurs des connaissances agricoles aussi larges, aussi complètes, aussi pratiques que possible, et les laisser d'abord essayer d'organiser de leur mieux cet enseignement familier de l'agriculture, à l'école, en leur recommandant seulement de parler aux enfants de ce qu'il y aura de plus important dans la contrée. Si l'on charge le professeur d'agriculture du département d'inspecter l'enseignement agricole dans les écoles primaires, il pourra rectifier ce qu'il trouvera de défectueux dans le programme particulier préparé par chaque instituteur.

M. le Président admet qu'il est très difficile d'établir un programme pour le cours élémentaire et le cours moyen des écoles primaires; mais, pour le cours supérieur, ne pourrait-on pas concevoir un programme, soit uniforme, soit par région culturale?

M. Prillieux ne le croit pas. Selon lui, on ne peut mieux faire, pour favoriser l'enseignement agricole dans les écoles primaires, que de placer entre les mains des instituteurs un recueil de dictées, de lectures et de problèmes se rapportant à l'agriculture. Ce recueil devrait comprendre une série de sujets classés méthodiquement et gradués; l'instituteur y puiserait des leçons, suivant les cultures pratiquées dans la région. Un livre semblable, bien conçu, rendrait les plus utiles services à l'école primaire.

M. Jacoulet, sans contester l'intérêt que ce recueil présenterait, fait observer que la méthode recommandée pour l'enseignement agricole a été également préconisée pour plusieurs autres enseignements. Si ce procédé doit s'appliquer à presque toutes les parties du programme, et se diviser ainsi, il ne restera plus qu'une place bien restreinte à chaque matière et, par suite, à l'agriculture.

M. Salicis demande si, en dehors de l'enseignement par le livre, on compte maintenir les travaux au jardin de l'école, les promenades et les exercices d'application dont il était question dans la note lue à la précédente séance.

La Commission est d'avis qu'il y a lieu de conserver cette partie du programme.

M. Cadet dit qu'il faut, avant tout, se préoccuper d'inculquer à l'instituteur, pour qu'il l'inspire lui-même à ses élèves, le goût de la vie rurale. Or, à l'école normale, où les futurs instituteurs devraient être entretenus dans ces idées, l'enseignement agricole est-il bien en honneur? Il est permis d'en douter.

M. Risler partage l'opinion de M. Cadet.

L'enseignement de l'agriculture est négligé dans les écoles normales, parce que les études agricoles ne sont pas sanctionnées par un examen. On ne peut tenir pour sérieux l'épreuve d'agriculture et d'horticulture de l'examen du brevet supérieur qui est subie ordinairement devant un professeur de sciences naturelles ou de chimie, sans compétence suffisante en agriculture. M. Risler avait déjà protesté contre cet état de choses, lors de la discussion des programmes au conseil supérieur; il ne peut qu'insister de nouveau pour que l'enseignement agricole reçoive une véritable sanction.

M. le Président répond que la question sera examinée ultérieurement, avec tout l'intérêt qu'elle comporte.

En ce qui concerne les écoles primaires, la Commission décide qu'il ne sera pas fait de programme d'enseignement agricole pour ces établissements. L'agriculture y sera enseignée à l'aide de recueils comprenant des lectures, dictées, problèmes, chants agricoles, poésies, etc.

La Commission estime qu'il n'y a pas lieu de donner à ce recueil un caractère officiel. Les auteurs seront invités officieusement à se produire, et on leur fournira toutes les indications utiles pour réaliser le projet de la Commission.

M. Salicis propose de fixer un temps minimum, chaque semaine, pour l'enseignement de l'agriculture; on devrait, suivant lui, exiger toutes les semaines au moins une leçon de choses, à l'aide du livre, ou une promenade agricole.

La Commission adopte cette proposition.

M. le Président pense que l'enseignement agricole ne pourra se propager et s'organiser sérieusement qu'avec le concours des autorités scolaires, des inspecteurs primaires et de l'inspecteur d'académie; il faut espérer que ces fonctionnaires apprécieront toute l'importance de l'enseignement agricole, s'y intéresseront et en favoriseront le développement par les moyens d'action dont ils disposent sur le personnel enseignant.

La Commission passe ensuite à l'étude du programme de l'enseignement agricole dans les écoles primaires supérieures.

M. Prillieux croit savoir que M. Tisserand, qui n'a pu encore se rendre à la séance, aurait quelques observations à présenter sur la question mise en discussion. La Commission juge sans doute qu'il convient de ne prendre aucune décision avant d'avoir entendu M. le Directeur de l'agriculture.

M. Jacoulet fournit des renseignements sur l'organisation pédagogique de l'école primaire supérieure et professionnelle Vaucanson, à Grenoble.

Dans cet établissement, les élèves reçoivent un enseignement commun, littéraire et scientifique, pendant les trois années d'étude. Durant la première année, les enfants sont mis à l'épreuve; on apprécie leur aptitude. A partir de la seconde année, les élèves sont divisés en trois groupes: commercial, industriel et agricole. Il leur est donné, dans chacune de ces sections, un enseignement technique, sans préjudice de l'enseignement général auquel prennent part indistinctement tous les élèves. Ce système a donné les résultats les plus satisfaisants.

M. Mamelle appelle l'attention de la Commission sur les difficultés que pourra présenter le recrutement des professeurs d'agriculture dans les écoles primaires supérieures. L'enseignement agricole ne sera donné avec profit, dans ces établissements, que par des professeurs spéciaux. Or le Ministère de l'instruction publique trouvera-t-il les ressources nécessaires pour le traitement des professeurs d'agriculture? Le Ministère de l'agriculture, qui peut compter sur les dispositions bienveillantes du Parlement pour tout ce qui touche à l'agriculture, obtiendrait sans doute assez facilement le crédit en question. Mais il y aurait inconvénient à ce que des fonctionnaires de l'instruction publique fussent payés sur les fonds du Ministère de l'agriculture.

M. le Président ne doute pas qu'il soit facile d'arriver à une entente entre les deux départements ministériels le jour où le crédit aura été voté.

M. Tisserand, qui vient d'arriver à la réunion, dit qu'il attache une très grande importance à l'organisation de l'enseignement technique dans les écoles primaires supérieures. Ces établissements doivent, suivant lui, comprendre un enseignement industriel, commercial ou agricole, d'après les besoins de la région, indépendamment de l'enseignement général scientifique et littéraire que tous les élèves doivent recevoir. Cette organisation a été adoptée en Allemagne, où les établissements qui correspondent à nos écoles primaires supérieures ont acquis un développement si remarquable. En ce qui concerne l'enseignement agricole, un programme a été établi, pour l'école primaire supérieure de Dourdan, par M. le Directeur de l'agriculture. Ce programme peut servir de type pour les écoles primaires supérieures, sauf à le modifier suivant les régions.

Il est décidé que le programme de l'école de Dourdan sera envoyé à chacun des membres de la Commission et examiné dans la prochaine réunion.

La suite de l'ordre du jour appelle la discussion du programme des écoles normales.

Plusieurs membres constatent que ce programme existe, avec tous les développements nécessaires, et qu'il n'y a lieu d'y apporter aucun changement.

La Commission se range à cet avis et passe à l'examen de la question des sanctions à donner à l'enseignement agricole.

M. Cadet expose qu'il lui paraît difficile d'exiger une épreuve d'agriculture à l'examen du brevet supérieur. Le brevet supérieur n'est pas seulement recherché par de futurs instituteurs et institutrices. Un grand nombre de jeunes filles prennent part à cet examen pour obtenir une consécration de leurs études, mais sans aucune intention d'entrer dans l'enseignement. A son avis, l'épreuve d'agriculture devrait figurer à l'examen du certificat d'aptitude pédagogique, qui n'est recherché que par le personnel enseignant, comme étant aujourd'hui nécessaire pour la titularisation. L'épreuve d'agriculture que cet examen comporterait ne serait donc pas sans importance; d'autre part, elle ne serait imposée qu'à des personnes appartenant à l'enseignement, à l'égard desquelles on pourrait se montrer plus exigeant.

M. Jacoulet craint que la sanction proposée n'ait pas toute l'efficacité qu'on en attend. Le cours d'agriculture est professé à l'école normale; c'est à la sortie de l'école normale que les études agricoles doivent être sanctionnées; autrement les élèves se désintéresseront d'un cours sur lequel ils sauront n'être interrogés qu'ultérieurement, et qu'ils croiront pouvoir reviser à loisir, après avoir subi le brevet supérieur.

M. Tisserand partage cette manière de voir; il estime que le cours d'agriculture ne sera suivi utilement à l'école normale que s'il est sanctionné par une épreuve ayant lieu à la sortie de l'école.

M. le Président reconnaît la nécessité d'une sanction des études agricoles, mais il craint que la question ne puisse être tranchée sans difficultés.

L'examen du brevet supérieur comporte déjà de nombreuses épreuves; si l'on multiplie, pour chaque candidat, le nombre des matières de l'examen, on arrive à un chiffre considérable. On se demande comment autant d'épreuves peuvent être subies sérieusement et quelle est, par rapport à l'ensemble, la valeur respective de chacune d'elles. Peut-on songer à augmenter encore le nombre des épreuves du brevet supérieur en y ajoutant l'agriculture? M. le Président croit que ce fractionnement des épreuves ne convient que pour les examens auxquels prennent part un petit nombre de candidats qu'il est possible d'examiner à loisir. En ce qui concerne l'examen du brevet, il semble difficile d'y introduire une nouvelle épreuve d'agriculture qui, confondue avec les autres, risquerait de n'avoir pas toute l'importance que la Commission veut y attacher.

M. Prillieux demande si l'épreuve d'agriculture ne pourrait pas être subie, à la fin de la deuxième année, à l'école normale, la troisième année étant réservée exclusivement à la préparation du brevet supérieur.

MM. Risler et Tisserand, s'appuyant sur les résultats obtenus à l'Institut agronomique, sont partisans des examens intérieurs subis, à plusieurs reprises dans le courant de l'année, devant le professeur dont on a suivi le cours. Il faudrait, par application de ce système, qu'une moyenne fût attribuée à l'agriculture et méritée à la sortie de l'école normale.

M. Jacoulet ne pense pas qu'un pareil système, qui peut être excellent pour des études scientifiques, soit applicable à l'enseignement littéraire qui est une branche importante de l'enseignement dans les écoles normales. Un examen général, comme le brevet, paraît s'imposer à la sortie de l'école normale.

M. le Président pose la question de savoir s'il ne serait pas possible de dédoubler l'examen du brevet supérieur. On exigerait, pour la première partie, des connaissances générales; un second examen porterait sur les connaissances spéciales et comprendrait l'agriculture. A ce projet viennent s'ajouter ceux qui consistent, soit à faire figurer l'épreuve d'agriculture dans l'examen du brevet supérieur, sans en modifier autrement le programme, soit à introduire cette épreuve parmi celles de l'examen du certificat d'aptitude pédagogique.

La Commission décide que ces diverses propositions seront examinées dans la réunion suivante, qui est fixée au vendredi 10 février, à 1 heure 1/2.

M. Salicis demande que l'on inscrive à l'ordre du jour de cette séance l'examen de l'instruction sur les travaux agricoles au champ d'expériences de l'école normale, qui est inséré dans le fascicule 34, page 87.

La séance est levée à 5 heures 1/2.

Ordre du jour de la séance du 10 février.

1° Programme de l'enseignement agricole dans les écoles primaires supérieures;
2° Sanctions de l'enseignement agricole;
3° Lecture et examen de l'instruction sur les travaux au champ d'expériences.

ANALYSE DES COMMUNICATIONS ADRESSÉES À M. LE MINISTRE DE L'AGRICULTURE AU SUJET DES QUESTIONS SOUMISES À L'EXAMEN DE LA COMMISSION DE L'ENSEIGNEMENT AGRICOLE.

Ces communications, en assez grand nombre, émanent presque toutes d'instituteurs qui enseignent bénévolement l'agriculture dans leurs écoles et qui, persuadés de l'excellence de leurs méthodes d'après les résultats qu'ils obtiennent, désireraient en voir généraliser l'emploi.

A peu d'exceptions près, ces méthodes sont calquées sur les programmes ordinaires de l'enseignement primaire et comportent comme ces derniers une succession de leçons théoriques complétées, en raison du caractère spécial de la chose enseignée, par des applications pratiques et des démonstrations sur le terrain. L'ordonnance des leçons et le plus ou moins de développement qu'on leur attribue sont les seuls points qui permettent d'établir une différence entre les divers systèmes dont il s'agit. Ils ne se recommandent donc par aucune particularité et méritent d'autant moins l'examen qu'ils affectent la forme dogmatique dont la Commission a proscrit l'emploi à l'école primaire élémentaire.

Quelques-uns des correspondants ont cependant sur la manière de distribuer l'enseignement agricole des idées personnelles, et leurs communications, à ce point de vue, paraissent devoir donner lieu à une succincte analyse.

M. Maffre, membre de la société d'agriculture de l'Hérault, demande que l'agriculture soit enseignée à la campagne comme les autres industries le sont à la ville, dans des cours professionnels spéciaux. Ces cours, organisés sur un pied très modeste et par conséquent à la portée des budgets des plus petites communes, seraient annexés à l'école primaire supérieure de chaque village. L'enseignement agricole élémentaire y serait donné, d'après un programme très simple et avant tout pratique, par des maîtres ouvriers désignés par le conseil municipal. L'entretien de chaque cours ne coûterait, d'après le devis de M. Maffre, que la somme annuelle de 250 francs.

M. Nardy, horticulteur du département du Var, et M. Épinette, instituteur en retraite dans l'Orne, développent, l'un au cours d'un article de journal, l'autre dans un mémoire, une même idée qui est d'enseigner l'agriculture à l'école primaire au moyen de jardinets d'enfants.

M. Nardy cite l'exemple de la ville de Lyon, où l'application de ce système donne les meilleurs résultats : une partie, aussi grande que possible, des cours de récréation des écoles y a été divisée en petits lots que les enfants cultivent chacun pour leur compte sous la direction du maître, à des heures déterminées. Les instruments et outils agricoles sont fournis par la ville, qui charge tous les ans un de ses délégués de visiter les jardinets, d'en surveiller la tenue et de proposer pour des récompenses les instituteurs qui dirigent cet enseignement pratique avec le plus de zèle et de sagacité.

«Ce qui se fait à Lyon, dit le correspondant, en agriculture et en horticulture scolaire est parfait, mais insuffisant si nous sommes seuls à le faire. Nous voudrions que la mesure devînt générale, qu'il n'y eût pas une seule école publique ou privée qui ne possédât son petit jardin de démonstrations pratiques et ses jardinets d'enfants. Le jardinet est déjà pour l'enfant l'emblème de la propriété : il soigne cette propriété et la fait respecter du voisin comme il respecte lui-même celle du voisin. Au point de vue intellectuel, il apprend par les yeux, sens par lequel l'enfant apprend plus en une heure qu'en une semaine par la lecture des meilleurs ouvrages. Au point de vue moral, les jardins fournissent au maître de fréquentes occasions d'élever les sentiments de ses élèves : il leur fait toucher du doigt les avantages de la campagne, avec ses joies douces, son air pur, son grand soleil, son travail constant et suffisamment rémunérateur, et tout cela en opposition avec les inconvénients si nombreux de la ville, avec ses plaisirs si souvent empoisonnés, ses rues sans soleil et ses chômages ruineux.»

M. Épinette, instituteur d'une école mixte d'un village de l'Orne, retraité après quarante ans de services, a enseigné, pendant la presque totalité de sa carrière, l'agriculture aux enfants d'après un procédé analogue à celui qui est en usage à Lyon et en préconise l'emploi avec la conviction acquise de son efficacité.

M. Épinette s'est efforcé au début de donner l'instruction agricole d'après les traités dits élémentaires que l'Administration, déjà préoccupée des questions d'enseignement agricole, avait mis entre ses mains pour cet objet. Il a essayé d'en tirer tout le parti possible, mais n'a pas tardé à se convaincre de leur stérilité. C'est alors que lui est venue l'idée des petits jardins.

«La terre, écrit-il, domaine de l'homme, lui est donnée pour satisfaire à ses besoins ou à ses caprices, selon qu'il la cultive. L'enfant lui-même est appelé à exercer ici son empire selon son âge et ses forces, et naturellement il s'y complaît. Aussitôt qu'il peut égratigner le sol, s'il y dépose une graine, il la voit surgir et se développer, devenir tige, fleur et fruit. C'est un encouragement à ses premiers efforts. Mais il est lui-même une jeune plante qui sort de terre et dont il faut favoriser le développement graduel avec ses tendances et ses aptitudes. A cette fin, la culture de quelques légumes ou de n'importe quoi sur un petit terrain en rapport avec son âge et ses forces doit suffire. Tels sont mes principes et il s'agit de les développer.»

L'étendue de son jardin lui permet d'abandonner aux vingt-cinq ou trente garçons qui fréquentent son école mixte le produit d'un peu plus de 1 are. Après un premier labour préparatoire fait en commun au commencement du printemps et qui fournit la matière d'une importante leçon, le maître fait les parts : moins de 1 mètre carré pour les petits, et 8 à 10 mètres carrés pour les plus grands. Graines et plantes ne manquent guère : les parents en donnent volontiers. On ne s'occupe d'ailleurs des jardins qu'environ une heure par jour et le maître dirige sans fatigue, assure-t-il, cet enseignement des garçons pendant que sa femme donne aux filles la leçon de couture. L'Administration, ajoute M. Épinette, alloue pour les écoles mixtes 50 francs à la maîtresse des travaux à l'aiguille. Qu'elle accorde seulement 20 francs comme indemnité à l'instituteur, que la culture des petits jardins fasse partie du programme scolaire, qu'ils soient inspectés comme la couture, les pages d'écriture et les cahiers, et nous verrons des merveilles!

M. Pleignier, propriétaire à Boussac, a publié dans l'*Union républicaine de la Creuse* et dans le *Petit Journal* trois articles au cours desquels il s'étend sur les dangers du surmenage, en proposant pour y remédier l'annexion d'un cours d'agriculture à chaque école primaire. Cet enseignement, exclusivement pratique et comportant surtout des exercices de culture exécutés d'après une progression déterminée, contribuerait au développement physique des écoliers en même temps qu'à l'accroissement de leurs connaissances. M. Pleignier, persuadé que ses trois articles, publiés en septembre 1887, ont inspiré la décision du 24 octobre suivant par laquelle MM. les Ministres de l'instruction publique et de l'agriculture ont institué la Commission de l'enseignement agricole, demande, «comme juste rémunération d'une idée féconde en résultats», qu'on lui confie l'organisation et la surveillance de l'enseignement agricole dans les écoles primaires.

M. Groult, de Lisieux, recommande l'enseignement de l'agriculture par les musées cantonaux dont il est le fondateur. Il accompagne sa communication, dont lecture a déjà été donnée à la Commission, d'un exemplaire de l'*Annuaire des musées* dont il s'agit.

En dehors des communications individuelles qui font l'objet de la présente note, M. le Ministre a reçu de plusieurs associations agricoles des vœux motivés tendant à l'organisation de cours d'agriculture dans les écoles primaires et contenant des aperçus généraux sur la direction à imprimer à ces cours. Mais ces résolutions, dont il a d'ailleurs été pris acte, n'offrent rien de saillant et ne donnent lieu à aucune mention spéciale.

Séance du 10 février 1888.

La séance est ouverte à 2 heures 1/2, sous la présidence de M. Gréard.

Le procès-verbal de la séance du 27 janvier est lu et adopté.

Il est donné lecture du compte rendu des communications adressées à la Commission par divers correspondants au sujet des questions qui lui sont soumises. Ces communications ne donnent lieu à aucune remarque spéciale, mais elles permettent de constater qu'un assez grand nombre d'instituteurs s'intéressent à l'enseignement agricole et se préoccupent des moyens de le développer.

L'ordre du jour appelle la discussion du programme de l'enseignement agricole dans les écoles primaires supérieures.

Avant d'aborder l'examen de ce programme, M. le Président résume en quelques mots les résolutions adoptées par la Commission au cours des séances précédentes touchant l'organisation de l'enseignement agricole à l'école primaire élémentaire et demande à M. Buisson, qui se trouvait absent au moment où ces résolutions ont été discutées, si elles ne donnent lieu de sa part à aucune objection.

M. Buisson déclare qu'elles ont son assentiment. Mais, quant à présent, une question le préoccupe, dont l'urgence lui paraît primer celle de l'ordre du jour : c'est la situation où va se trouver le service du professorat départemental d'agriculture, si les conclusions de M. le Rapporteur du budget de l'instruction publique, sur le point d'être discutées à la Chambre, sont votées par le Parlement. Une réduction de 50,000 francs est proposée sur le crédit affecté au Ministère de l'instruction publique pour la rétribution des professeurs départementaux : c'est exactement le tiers de ce crédit, et l'Administration ne peut en accepter la suppression, sous peine de se voir, à brève échéance, dans l'impossibilité de payer le personnel existant.

M. Buisson a préparé lui-même, en réponse au rapport de M. Burdeau, une note dont les éléments serviront à M. le Ministre pour défendre l'article contesté. Mais il pense que le Gouvernement serait mieux armé pour la discussion s'il pouvait s'appuyer sur un avis ferme et motivé de la Commission de l'enseignement agricole tendant au maintien de l'intégralité du crédit.

La Commission s'associe à la manière de voir de M. le Directeur de l'enseignement primaire et décide d'émettre un avis dans le sens qu'il vient d'indiquer.

M. Buisson lit successivement le passage du rapport de M. Burdeau qui a trait aux chaires départementales et la note par laquelle il y a répondu.

EXTRAIT DU RAPPORT DE M. BURDEAU.

« Le crédit relatif aux professeurs d'agriculture nous a paru excessif.

« Il existe 76 professeurs d'agriculture, pour lesquels il y a deux crédits au Ministère de l'agriculture : l'un de 148,000 francs pour les départements français, l'autre de 13,000 francs pour l'Algérie, plus un de 150,000 francs à l'instruction publique : soit en tout 311,000 francs.

« Or, dans les écoles normales, le service de ces professeurs se réduit à deux cours de trois heures en tout par semaine, plus des excursions en été; en pratique, les deux cours sont souvent réunis en un seul. Un crédit de 150,000 francs pour ce service supposerait un traitement moyen d'environ 2,000 francs, soit à peu près 600 francs pour chaque heure de service hebdomadaire : c'est le triple et même le quadruple du tarif des heures supplémentaires dans les lycées des départements. En réduisant le crédit à 100,000 francs, on laisse encore subsister, entre les deux Ministères, une somme totale de 261,000 francs, laquelle correspond à un traitement moyen de 3,450 francs, très compatible avec les chiffres fixés par le crédit du 9 juin 1880 (de 3,000 à 4,500 francs), surtout si l'on considère que le corps de ces professeurs est très nouveau, que bien peu ont pu avoir le temps d'arriver à la deuxième classe, et que pas un ne peut être arrivé régulièrement à la première. En serrant de près le calcul, on verra même que le chiffre de 261,000 francs laisse une marge suffisante pour créer, en 1888, cinq ou six emplois dans les départements encore non pourvus. L'économie sera de 50,000 francs. »

NOTE DE M. LE DIRECTEUR DE L'ENSEIGNEMENT PRIMAIRE.

« Actuellement, d'après le tableau ci-joint, la somme totale à payer par le Ministère de l'instruction publique aux 76 professeurs d'agriculture et aux 6 délégués (départements français) s'élève à 138,500 francs.

« Le Ministère de l'agriculture doit payer une même somme de 138,500 francs; dépense totale de l'enseignement 277,000 francs.

« Si on retranche les 14,000 francs payés aux délégués, il reste 263,000 francs, qui, divisés par 76, nombre des professeurs, donnent 3,460 francs, somme supérieure de 10 francs à la moyenne que le rapport indique.

« Quoi qu'il en soit, la réduction de 50,000 francs proposée par le rapport ne semble porter que sur les crédits du Ministère de l'instruction publique; au lieu de 150,000 fr., ce Ministère ne disposerait plus que de 100,000 francs pour en payer 138,500 francs. Le Ministère de l'agriculture conserverait 148,000 francs; aucune gêne pour lui, par conséquent, et nous ne parlons pas des 13,000 francs dont il dispose pour l'Algérie. Si la réduction de 50,000 francs à notre budget est maintenue, on ne voit pas comment le service pourra être assuré en 1888, même en supposant qu'il n'y ait ni création d'emploi ni promotion.

« Quant à la situation actuelle des titulaires, il résulte de l'examen des dossiers que, sauf trois ou quatre exceptions, qui toutes ont été motivées par des services antérieurs ou des considérations sérieuses, les promotions de classe ont été concédées conformément au règlement. »

M. le Rapporteur se fonde, d'une part, sur la disproportion qui existe entre le chiffre des émoluments attribués aux professeurs départementaux par l'administration de l'instruction publique et le petit nombre d'heures de service qu'elle leur impose; de l'autre, sur le peu d'ancienneté des chaires départementales, qui ne remontent qu'à 1880, et dont les titulaires les plus avantagés peuvent à peine être parvenus à la deuxième classe.

En supprimant 50,000 francs sur le crédit des chaires, il reste aux deux Ministères réunis de l'instruction publique et de l'agriculture une somme de 261,000 francs, correspondant à un traitement moyen de 3,450 francs et suffisante, d'après M. Burdeau, pour payer les professeurs actuels et pourvoir à cinq ou six emplois nouveaux.

A l'encontre de ces allégations, M. Buisson s'est attaché à démontrer : 1° qu'une somme totale de 277,000 francs est indispensable aux deux Ministères pour servir les traitements acquis, en y comprenant ceux des délégués provisoires, et qu'une réduction de 50,000 francs mettra le Ministère de l'instruction publique dans l'impossibilité d'assurer le service, même en admettant qu'il n'y ait ni création d'emploi ni promotion; 2° que la situation actuelle des titulaires, résultant d'avancements réguliers, n'est susceptible d'aucune diminution.

En ce qui concerne ce dernier point toutefois, M. Buisson estime que les critiques formulées par M. le Rapporteur et dont il a, autant qu'il était en son pouvoir, justifié l'Administration, ne sont pas sans quelque fondement. Le service des chaires d'agriculture est de création récente, et si les avancements ne sont pas entachés d'irrégularité au sens propre du mot, ils ont été octroyés dans les délais strictement réglementaires, avec une libéralité onéreuse pour le budget et dont la responsabilité doit incomber au Ministère de l'agriculture. C'est grâce à l'extrême bienveillance de cette administration que certains professeurs peuvent aujourd'hui être arrivés à leur deuxième classe.

Quant aux délégués, ils ne paraissent pas non plus absolument défendables, car leur situation n'a pas été prévue par les règlements.

M. Tisserand conteste cette opinion. L'argumentation de M. le Rapporteur du budget repose sur des inexactitudes, et si l'on veut rétablir les situations, il ne sera pas difficile de le constater.

En effet, le professorat départemental d'agriculture, dont les conditions actuelles d'existence ont été réglementées en 1879-1880, date en réalité d'une époque antérieure : un certain nombre de professeurs étaient depuis plusieurs années en fonctions lors de la promulgation de la loi, qui a d'ailleurs sanctionné leur existence, et l'on ne saurait taxer l'Administration d'irrégularité ou même de faiblesse pour avoir fait courir leurs droits à l'avancement du jour de leur nomination.

M. Mamelle fait remarquer d'autre part que la Commission du budget, qui, dans le sens de ses conclusions, s'applique à faire ressortir la rapidité relative de certaines promotions, ne paraît pas s'être rendu compte de la lenteur avec laquelle d'autres ont été accordées. On pourrait lui opposer les noms de plusieurs professeurs qui n'ont obtenu leur classe qu'au bout de quatre ou cinq années, et d'un professeur qui, après huit ans de services, l'attend encore; pour ceux-là du moins l'Administration de l'agriculture ne semble pas avoir été trop bienveillante.

M. Tisserand ajoute qu'en ce qui concerne les délégués, dont M. le Rapporteur et M. Buisson lui-même jugent la situation critiquable, leur existence n'a été, il est vrai, consacrée ni par la loi de 1879 ni par le décret de 1880, mais elle n'en est pas moins justifiée. C'est avant tout l'esprit de la loi qu'il faut considérer; or, qu'a-t-elle voulu? Doter chaque département d'un professeur d'agriculture nommé dans des conditions déterminées : partout où ces conditions n'ont pu être remplies et en attendant qu'elles le soient, on a délégué un chargé de cours provisoire; il n'y a dans ce fait aucune atteinte à la loi, et, loin d'avoir contrevenu à ses dispositions, l'Administration paraît au contraire s'être identifiée avec son esprit.

M. le Président ne peut dès à présent se prononcer sur le fond des critiques de la Commission du budget, mais il fait observer qu'en tout état de cause les nominations et promotions de professeurs et de délégués ont été effectuées de concert par les deux Ministères et qu'il n'appartient à aucun d'eux d'en contester la légitimité.

M. Buisson répond qu'en matière d'enseignement agricole l'Administration de l'instruction publique ne saurait avoir de vues spéciales et qu'elle a toujours, sauf réserves dans certains cas, adhéré aux propositions qui lui ont été adressées par le Ministère de l'agriculture : celui-ci reste donc, moralement du moins, seul responsable.

M. Tisserand ne conteste pas ce point : le Ministère de l'agriculture n'éprouve du reste aucune hésitation à accepter entière la responsabilité dont il s'agit.

M. le Président constate qu'il existe une question de fait : il faut l'épuiser pour en faire la base de l'avis à émettre. A l'heure actuelle, une somme nette de 138,500 fr. est indispensable au Ministère de l'instruction publique pour payer les professeurs départementaux d'agriculture en exercice, sans créer aucun emploi ni accorder aucun avancement; 100,000 francs sont donc insuffisants pour assurer le service, même dans ces strictes limites.

Si le projet de la Commission du budget est adopté, l'instruction publique se trouvera en déficit de 38,500 francs, et ce n'est pas le Ministère de l'agriculture qui pourra lui venir en aide, puisqu'il ne dispose que d'un crédit de 148,000 francs pour le même service. D'un autre côté, le traitement des professeurs en fonctions n'est pas le seul à prévoir : il faut encore, tant que la loi n'aura pas reçu sa complète exécution, que les deux Ministères puissent disposer tous les ans des fonds nécessaires pour créer un certain nombre d'emplois nouveaux. En évaluant à sept le nombre de ces emplois, la dépense actuelle se trouve accrue de 10,500 francs pour chacun des deux Ministères et portée conséquemment à 150,000 francs, chiffre rond, pour le seul Ministère de l'instruction publique. C'est donc un crédit de pareille somme qu'il faut, cette année comme les années précédentes, attribuer à ce Ministère.

M. Mamelle estime que, pour assurer le fonctionnement normal du service, ce crédit devrait encore être augmenté. Car, en adoptant comme bases d'évaluations le traitement moyen d'un professeur départemental, soit 3,750 francs, et le nombre réglementaire des professeurs, soit 86, les deux Ministères devraient être chacun en possession d'un crédit minimum de 161,250 francs.

M. Buisson ne conteste pas la rigueur de ce calcul, mais il ne croit pas qu'on doive en admettre le point de départ.

M. Mamelle ajoute qu'on pourrait, en s'appuyant sur les arguments mêmes de M. le Rapporteur du budget, accepter la réduction de 50,000 francs proposée sur le crédit de l'instruction publique, à la condition que le budget de l'agriculture serait augmenté d'autant. Les professeurs ne seraient plus payés dans la même proportion par les deux Ministères et l'on préparerait de la sorte la réalisation de la réforme décidée en principe par la Commission dans ses premières séances, à savoir la séparation des deux services.

MM. Buisson et Tisserand combattent cette proposition.

En faisant à la Commission du budget le dangereux abandon d'une partie du crédit de l'instruction publique, on ne saurait se donner la garantie d'aucune compensation et l'on s'exposerait à voir cette somme perdue pour un ministère sans faire retour à l'autre. Quant à la réforme de l'état de choses actuel, on la préparerait sans doute par ce moyen, mais d'une manière inopportune. Ce qui importe quant à présent, c'est d'obtenir le maintien de l'ancien crédit, puisque son intégralité est jugée nécessaire.

Sur cette remarque et après échange de quelques observations, la Commission émet l'avis suivant, dont M. le Président formule les termes :

La Commission,

Après avoir entendu les explications données par M. le Directeur de l'enseignement primaire au sujet des réductions que M. le Rapporteur du budget du Ministère de l'instruction publique propose d'apporter au crédit inscrit à ce budget pour le service du professorat départemental d'agriculture;

Considérant :

En ce qui concerne le Ministère de l'instruction publique, qu'une somme de 138,500 francs est indispensable pour servir les traitements acquis à ce jour, et qu'en second lieu, un disponible de 11,500 francs est nécessaire pour effectuer les créations exigées par la loi et pourvoir aux avancements;

En ce qui concerne le Ministère de l'agriculture, que le crédit de 148,000 francs dont il dispose pour le même personnel répond aux dépenses engagées; s'élevant à 138,500 francs, et aux besoins à venir, et qu'en l'état il est impossible à ce Ministère de prendre à sa charge la part de dépenses qui proviendrait des réductions opérées sur le crédit correspondant du budget de l'instruction publique;

Qu'au surplus le décret réglementaire du 9 juin 1880 met le traitement du professeur départemental à la charge des deux départements ministériels, exactement par moitié,

Est d'avis qu'il y a lieu de maintenir au chiffre de 150,000 francs le crédit alloué au département de l'instruction publique pour le service de l'enseignement agricole départemental.

La Commission revient ensuite à l'ordre du jour du programme de l'enseignement agricole dans les écoles primaires supérieures. Le programme préparé par M. le Directeur de l'agriculture pour l'école primaire supérieure de Dourdan, choisie comme type de cet enseignement, est lu par M. le Président et soumis à discussion.

Au sujet du cours de première année, M. Salicis se demande si les questions relatives à la population, au capital et à la production de l'agriculture ne sont pas d'un caractère trop abstrait pour les enfants auxquels l'enseignement s'adresse. Saisiront-ils bien, par exemple, la relation qui doit exister entre l'exploitation et le capital engagé?

M. Tisserand explique qu'il n'a jamais été dans sa pensée de faire étudier aux jeunes élèves de l'école primaire supérieure des questions aussi complexes, qui ne trouvent d'ailleurs leur place que dans le cadre d'un enseignement beaucoup plus élevé. Il ne s'agit ici que de notions de statistique très simples, servant d'introduction générale au cours et ayant pour but d'appeler l'attention sur l'importance de l'agriculture et la multitude d'intérêts qui sont liés à son développement.

Au surplus, le programme dont il s'agit n'est pas et ne peut pas être absolu. En matière d'enseignement agricole, on ne saurait tracer de programme unique, même par région; car si les cultures ne varient pas toujours, leur importance se modifie souvent d'une localité à une autre. La seule chose qu'il soit possible d'établir, c'est un guide assez complet pour s'appliquer à la plupart des cas, assez élastique cependant pour permettre, suivant les besoins, tantôt de développer, tantôt d'effleurer un même sujet, tantôt de le passer complètement sous silence. C'est au professeur qu'il appartient d'utiliser à propos cette élasticité, et l'on ne peut se dissimuler qu'à ce point de vue son rôle demande beaucoup de savoir et de tact.

M. Salicis se déclare convaincu par les explications qu'il vient d'entendre.

M. le Président fait observer qu'elles lèvent aussi les objections présentées touchant la portée de quelques autres articles, notamment les irrigations, et la Commission, sous le bénéfice de cette remarque, adopte le programme du cours de première année, ainsi conçu :

1re année. — Première partie. — *Agriculture générale, importance de l'agriculture :*

sa population, son capital, sa production, etc. — Etude du sol, ses engrais et ses amendements. — Irrigations, drainages, travaux agricoles, machines.

Deuxième partie. — *Étude des plantes cultivées.*

M. Jacoulet demande que, si le programme est adopté dans son ensemble, il soit précédé ou suivi des observations contenues dans le rapport de M. le Directeur de l'agriculture, auquel il se trouve annexé.

La Commission accepte cette proposition.

Le programme du cours de 2e année est ensuite adopté avec une modification que M. Jacoulet, d'accord avec M. Tisserand, apporte au deuxième paragraphe.

A la mention *Économie rurale*, on substitue : *Notions de comptabilité agricole et d'économie rurale.*

Cette partie du programme est en conséquence arrêtée comme ci-après :

2e année. — *Horticulture et arboriculture. — Notions de comptabilité agricole et d'économie rurale. — Maladies des plantes; insectes utiles et nuisibles.*

Le programme de 3e année est l'objet de quelques modifications.

Sur la proposition de M. Jacoulet, qui fait remarquer que l'industrie laitière est une industrie localisée et qu'on ne peut en généraliser l'étude dans les écoles de toutes les régions, le paragraphe relatif à la laiterie est supprimé et remplacé par : *Notions sur les principales industries agricoles du pays.*

Les mots *engraissement et races* sont également supprimés.

La rédaction définitivement adoptée est la suivante :

3e année. — *Animaux domestiques. — Alimentation. — Élevage. — Animaux de basse-cour.*

Notions sur les principales industries agricoles du pays.

Hygiène et premiers secours.

Nota. — *Applications pratiques dans le champ d'expériences, dans le jardin, et promenades agricoles une fois par semaine au moins.*

La Commission adopte, d'autre part, dans leur ensemble, pour les appliquer aux écoles primaires supérieures, les dispositions contenues dans l'arrêté de création du cours de l'école de Dourdan, notamment le nombre des leçons, fixé à 120, et les cours d'adultes fixes et nomades, qui sont un des compléments de cet enseignement.

M. le Président approuve d'autant plus cette dernière disposition que les cours d'adultes où l'on donne l'instruction générale cessent aujourd'hui d'avoir leur raison d'être et qu'il y a lieu désormais de les spécialiser pour en obtenir des résultats.

Il est enfin admis en principe que chaque école aura son jardin et son champ d'expériences.

Quant au traitement du professeur chargé de l'enseignement agricole à l'école primaire supérieure, la Commission est d'avis qu'il devra être payé par le département, avec possibilité de subvention par l'État.

M. le Président termine la séance en remerciant M. le Directeur de l'agriculture des documents concluants qu'il a fournis à la Commission et qui lui ont permis de terminer rapidement et sans difficulté une partie importante de son travail.

La Commission s'ajourne ensuite à quinzaine.

Ordre du jour : Sanctions de l'enseignement agricole.

Séance du 24 février 1888.

La séance est ouverte à 2 heures, sous la présidence de M. Gréard.

Le procès-verbal de la dernière séance est lu et adopté.

Sont communiqués à la Commission :

1° Un mémoire de M. Depeteau, instituteur à Prauthoy (Haute-Marne), sur l'enseignement agricole;

2° Un rapport de M. le Recteur de l'Académie de Clermont-Ferrand, tendant à l'adoption de diverses mesures destinées à favoriser le développement de l'enseignement agricole dans les établissements d'enseignement primaire;

3° Un vœu du conseil général de la Haute-Marne relatif à l'introduction d'une épreuve d'agriculture dans l'examen du certificat d'études primaires;

4° Un programme d'enseignement agricole de M. About, instituteur retraité à Agincourt (Meurthe-et-Moselle).

La Commission prend acte de ces documents qui ne lui paraissent pas contenir d'idées nouvelles d'une application pratique, mais qui témoignent du moins de l'intérêt que l'on attache, de divers côtés, à la question de l'enseignement agricole; la Commission le constate avec satisfaction.

Les pièces communiquées seront classées parmi les documents à consulter.

Avant d'aborder l'ordre du jour, M. Buisson croit devoir appeler l'attention de la Commission sur une question qui a été récemment soulevée au Conseil d'État, à propos de la discussion d'un projet de décret sur les écoles d'apprentissage qui se rattachent à la fois au commerce et à l'industrie et à l'instruction publique : on se trouvait en présence d'une situation analogue à celle qui existe pour l'enseignement agricole donné par des professeurs placés sous la dépendance des deux Ministres de l'instruction publique et de l'agriculture et nommés conjointement par eux. Cette nomination biministérielle a paru au Conseil d'État contraire aux principes de notre droit constitutionnel et entachée d'irrégularité.

En effet, la responsabilité ministérielle n'est collective qu'en ce qui concerne les actes de Gouvernement; pour les actes administratifs, la décision doit être prise par un seul Ministre responsable. On risquerait, dans le cas où l'arrêté ministériel revêtu de plusieurs signatures serait l'objet d'un recours contentieux, de voir mettre en cause non seulement les Ministres signataires de la décision attaquée, mais encore ceux qui peuvent y être indirectement intéressés, comme les Ministres de l'intérieur et des finances, dans l'espèce particulière aux professeurs d'agriculture.

M. Tisserand admet que le mode de nomination par les deux Ministres est défectueux. Suivant lui, le Ministre de l'agriculture devrait nommer séparément le professeur départemental; une décision du Ministre de l'instruction publique interviendrait ensuite pour charger ce professeur du cours dans des écoles normales. C'était ainsi d'ailleurs que l'on procédait antérieurement à la loi de 1879.

M. Buisson signale une autre anomalie relevée dans l'article 6 du décret du 9 juin 1880 : les professeurs d'agriculture nommés par les deux Ministres peuvent être révoqués par un seul.

M. Tisserand trouve cette disposition illogique, mais il constate qu'en fait, lorsqu'une révocation a eu lieu, les deux Ministres se sont mis d'accord et ont signé l'arrêté.

La Commission est d'ailleurs unanime à reconnaître que ce partage des attributions des professeurs d'agriculture entre les deux Ministères présente de sérieux inconvénients; il y aurait lieu, pour remédier à cet état de choses, de hâter autant que possible la séparation de l'enseignement départemental et de l'enseignement à l'école normale dans les conditions déterminées dans le projet de décret précédemment adopté.

M. Jacoulet est d'avis que l'enseignement de l'agriculture à l'école normale par les professeurs départementaux ne donne que des résultats insuffisants; le côté pratique de l'enseignement agricole est particulièrement négligé; car, pendant la saison d'été qui conviendrait pour les excursions agronomiques, pour les expériences au champ de démonstration et les exercices au jardin de l'école, les professeurs d'agriculture sont la plupart du temps en tournée dans le département : leur cours à l'école normale consiste à peu près exclusivement en des leçons théoriques qui, faute d'application, ne profitent que médiocrement aux élèves.

M. Salicis appuie ces assertions; il a constaté que dans bon nombre d'écoles normales le champ d'expériences n'était pas exploité.

M. Risler insiste pour que la scission de l'enseignement départemental et de l'enseignement agricole à l'école normale soit accomplie dans un bref délai. On avait décidé que le projet élaboré dans ce sens par la Commission aurait pour point de départ une disposition de la loi de finances portant réduction du crédit inscrit au budget de l'instruction publique pour le traitement des professeurs d'agriculture, et report de la somme diminuée au budget du Ministère de l'agriculture. Les budgets de ces deux administrations, qui vont être prochainement discutés, ont-ils été établis en vue de faciliter la réalisation du projet de la Commission ?

M. Buisson répond que le Rapporteur du budget de l'instruction publique demande une réduction de 50,000 francs sur le crédit affecté au traitement des professeurs d'agriculture. M. le Ministre de l'agriculture est disposé à réclamer le maintien du crédit actuel, conformément au vœu émis par la Commission, mais il faut prévoir le cas où la réduction proposée serait votée. Le budget de l'agriculture, qui ne comporte aucune diminution sur le chapitre des traitements des professeurs départementaux, doit venir le premier en discussion; conviendrait-il de demander que la somme retirée à l'instruction publique fût transférée à l'agriculture, en indiquant le projet de réforme qui serait la conséquence de ce virement ? Mais il faudrait compter, pour que cette proposition fût faite, sur l'initiative parlementaire : les Ministres ne consentiraient à apporter en ce moment aucune modification dans l'économie des projets de budgets définitivement arrêtés par le Gouvernement.

M. Jacoulet fait observer que l'Administration de l'instruction publique ne devra se dessaisir de son crédit qu'avec prudence; on se plaint déjà que les professeurs départementaux ont une certaine tendance à se considérer comme dépendant plutôt du Ministère de l'agriculture que du Ministère de l'instruction publique; si cette administration contribue à leur traitement pour une part moindre, il y a lieu de craindre qu'elle ne perde encore de son autorité sur des fonctionnaires déjà enclins à s'en affranchir.

M. Cadet croit que l'on aurait des chances d'obtenir du Parlement un vote favorable au maintien des crédits actuels si, au moment de la discussion du budget de l'instruction publique, M. le Ministre de l'agriculture voulait bien se joindre à son collègue pour combattre la réduction du crédit relatif aux professeurs d'agriculture, en faisant valoir qu'il y a solidarité, pour cette dépense, entre les deux départements, et que la diminution effectuée sur l'un des budgets devra être supportée par l'autre dans la mesure de son disponible; que d'ailleurs les crédits diminués deviendront insuffisants pour subvenir aux traitements acquis.

MM. Tisserand et Buisson promettent de soumettre la question à MM. les Ministres de l'agriculture et de l'instruction publique et de la signaler à l'intérêt des membres du Parlement en vue de la discussion prochaine des budgets des deux Ministères.

L'ordre du jour appelle la discussion sur les sanctions à donner à l'enseignement agricole.

M. Tisserand propose qu'une moyenne soit attribuée pour l'enseignement agricole à l'école normale, et constatée par des examens trimestriels. Les élèves seraient tenus d'obtenir cette moyenne pour mériter, à la sortie de l'école, une attestation d'aptitude à l'enseignement agricole.

M. Prillieux est partisan d'un examen technique spécial : agricole pour les instituteurs des communes rurales, et industriel ou commercial pour ceux des villes. Le double certificat pourrait être recherché par les maîtres qui auraient la perspective d'un changement de résidence.

M. Cadet rappelle qu'il a déjà émis l'avis que l'épreuve d'agriculture devrait figurer à l'examen du certificat d'aptitude pédagogique, qui est le titre de capacité professionnelle exigé pour enseigner comme titulaire dans les écoles publiques.

M. Jacoulet partage l'opinion de M. Tisserand en ce qui concerne les examens intérieurs qui permettent de constater l'aptitude réelle des élèves et auxquels il attribue beaucoup plus de valeur qu'à l'examen unique du brevet supérieur subi, à la sortie de l'école normale, dans des conditions qui parfois n'offrent pas toutes les garanties désirables.

M. Buisson ne conteste pas les avantages que ce système peut présenter à divers égards, mais il pense qu'il est contraire aux principes d'égalité et de liberté de l'enseignement inscrits dans nos lois scolaires, et que son application rencontrerait une sérieuse opposition. Il s'agit là d'ailleurs d'une grave question relative au régime des examens et des titres de capacité, sur laquelle il appartiendrait au Conseil supérieur de statuer.

La Commission renvoie la suite de la discussion à la prochaine séance, fixée au vendredi 2 mars, à 1 heure 1/2.

La séance est levée à 4 heures.

Séance du 2 mars 1888.

La séance est ouverte à 2 heures.

M. Tisserand préside.

Le procès-verbal de la dernière séance est lu et adopté sous le bénéfice d'une modification de détail demandée par M. Jacoulet.

L'ordre du jour appelle la suite de la discussion sur les sanctions à donner à l'enseignement agricole.

Diverses propositions sont en présence.

La première, celle de M. Cadet, tendant à rendre l'agriculture obligatoire pour le certificat d'aptitude pédagogique, est combattue par M. Jacoulet.

L'instituteur ne se présente à l'examen du certificat pédagogique qu'après l'obtention des brevets : s'il est dispensé pour ces derniers de l'épreuve d'agriculture, il sera tenté d'en ajourner la préparation jusqu'à l'époque de l'examen final. Or, une préparation hâtive est toujours insuffisante. M. Jacoulet verrait avec plus de confiance que les connaissances agricoles fussent exigées pour le brevet supérieur.

M. Cadet ne pense pas qu'il y ait de raison pour demander de l'agriculture au brevet supérieur sans imposer la même épreuve au brevet élémentaire : un grand nombre d'instituteurs, surtout dans les campagnes, sont pourvus de ce seul brevet. Si l'on ne demande d'agriculture qu'au brevet supérieur, ce sont les maîtres qui ont le plus besoin de connaissances agricoles qui seront dispensés d'en justifier.

M. le Président appuie cette observation.

M. Jacoulet ne conteste pas qu'elle ait sa raison d'être à l'heure présente. Mais le brevet élémentaire n'a pas d'avenir en tant que titre professionnel : on ne le considère déjà plus à ce point de vue que comme un pis-aller, et le brevet supérieur ne tardera pas à devenir le véritable diplôme donnant le droit d'enseigner; d'ailleurs les écoles normales assureront bientôt à elles seules le recrutement du personnel des écoles primaires.

M. Risler propose, pour donner satisfaction à tous les intérêts, dans le présent et dans l'avenir, d'ajouter une épreuve d'agriculture au programme des deux brevets : celle du brevet élémentaire servirait de préparation à celle du brevet supérieur.

M. Jacoulet se rangerait volontiers à cette solution : il n'y voit qu'un obstacle, c'est le peu de développement donné à l'enseignement agricole dans les écoles primaires élémentaires par le projet de la Commission.

M. le Président fait remarquer qu'il s'agit avant tout d'établir l'aptitude agricole des futurs instituteurs; c'est donc dans les diplômes exigés de ceux qui se destinent à l'enseignement qu'il faut faire résider la sanction dont il s'agit. Il importe moins que les possesseurs des autres titres aient ou non des connaissances en agriculture. Dans cet ordre d'idées, M. le Président pencherait vers l'adoption du système de M. Cadet, c'est-à-dire l'épreuve d'agriculture au certificat d'aptitude pédagogique.

M. Jacoulet réitère à ce propos les objections qu'il a opposées à ce système et pense qu'elles sont de nature à le faire écarter.

M. Risler demande si l'on ne pourrait pas faire de l'aptitude agricole une épreuve spéciale, distincte de l'examen d'ensemble du brevet et exigible seulement des candidats qui se destineraient à l'enseignement.

M. Jacoulet préférerait, dans cette hypothèse, la scission de l'examen écrit en deux parties, dont la seconde consisterait soit en une épreuve d'agriculture, soit en un exercice de travail manuel au choix du candidat. Mais cette combinaison compliquerait encore les conditions des examens, sans compter qu'on pourrait éprouver quelque difficulté à assimiler une épreuve écrite d'agriculture à un exercice de travail industriel.

M. Prillieux observe qu'on faciliterait cette assimilation en faisant consister l'épreuve d'agriculture non en une composition écrite, mais en un exercice pratique d'un abord aisé, tel, par exemple, que la taille des arbres.

M. Risler, revenant à sa proposition de considérer l'épreuve d'agriculture comme une sorte d'examen distinct donnant lieu à une constatation spéciale, émet l'avis qu'on pourrait faire subir cet examen aux élèves-maîtres, à leur sortie de l'école normale, devant un jury particulier qui tiendrait compte des notes obtenues au cours des années d'études. Une épreuve analogue serait ajoutée au programme du brevet supérieur, mais les élèves-maîtres en seraient dispensés.

M. le Président et M. Prillieux ne verraient que des avantages à l'adoption de ce système qui supprimerait pour les élèves d'école normale, en ce qui concerne du moins l'épreuve d'agriculture, les aléas de l'examen du brevet, et rendrait plus facile en même temps que plus sérieuse la constatation de leur aptitude. Les compensations de titres n'ont rien d'incompatible avec les principes inscrits dans les règlements. On a constamment recours dans les examens à des équivalences de ce genre, et M. Salicis cite notamment l'exemple des conducteurs des ponts et chaussées, qu'on assimile après l'examen spécial d'ingénieur aux anciens élèves de l'École polytechnique.

M. Jacoulet, loin de contester ces avis, les trouve en conformité avec son propre sentiment : le système qu'on préconise et auquel il ne demanderait pas mieux que de se rallier réaliserait en partie et préparerait la réforme d'ensemble qu'il a souvent proposée : savoir, la subtitution des notes d'examens successifs condensées en une moyenne finale à un examen unique dont les hasards viennent trop souvent tromper l'espoir justifié des uns ou servir l'incapacité des autres. Mais il craint qu'on ne se heurte aux obstacles qu'a signalés M. Buisson dans la dernière séance. On pourra, bien qu'à tort, invoquer la liberté de l'enseignement et critiquer une mesure qui en sauvegarde sans contredit le principe, puisqu'elle donne à tous le libre accès de l'enseignement à des titres égaux, mais dont les apparences sont contraires à cette liberté.

M. Cadet estime qu'on ne trouvera de solution pratique et inattaquable que dans la loi. La loi consacre l'obligation de l'enseignement agricole : c'est donc dans les examens imposés par elle qu'il faut chercher la constatation de l'aptitude à cet enseignement.

M. Jacoulet constate que la Commission est saisie de quatre systèmes de sanction distincts : brevet élémentaire, brevet supérieur, certificat d'aptitude pédagogique et système spécial consistant dans une épreuve d'agriculture subie soit à l'école normale, soit à l'examen du brevet.

Quel que soit le système adopté, la Commission est d'accord que l'épreuve d'agriculture devra être obligatoire; en raison de la multiplicité des matières de l'enseignement, les cours non obligatoires sont négligés et les épreuves facultatives délaissées.

M. Cadet insiste pour que la loi seule soit appliquée : l'enseignement agricole est prescrit par la loi; donc tous les examens de l'enseignement primaire, y compris les certificats d'études, doivent contenir une épreuve d'agriculture.

M. le Président ne redoute que les objections fondées sur la complication des examens; sans cette considération, il partagerait l'avis de M. Cadet.

M. Cadet n'admet pas la valeur de ces objections. Si l'on ne veut pas que l'enseignement agricole soit une réalité, il faut l'éliminer des matières exigées par les règlements.

M. le Président demande si les autres matières ont toutes une sanction. La gymnastique, par exemple, est-elle obligatoire?

La réponse étant affirmative, la Commission estime que l'agriculture, au moins aussi nécessaire dans les campagnes que la gymnastique, à laquelle les élèves sont presque tous, dès leur jeune âge, dressés sans leçons, doit être comme cette dernière l'objet d'une épreuve spéciale au brevet élémentaire. Elle examine ensuite dans quelle mesure et sous quelle forme les questions d'agriculture doivent être demandées à ce brevet.

Après un échange de vues, il est décidé qu'il n'en sera demandé qu'aux épreuves orales. A cette fin, l'article 148, paragraphe 5 de l'arrêté du 18 janvier 1887, ainsi conçu :

« Questions sur les notions les plus élémentaires des sciences physiques et naturelles », devra être complété par la mention suivante :

« Et sur les matières de l'enseignement agricole. »

M. Jacoulet fait remarquer que, pour assurer l'exécution de cette clause, il y aura lieu d'adjoindre au jury un examinateur spécial d'agriculture; sans cette précaution, la question agricole sera presque toujours laissée de côté.

La Commission adopte cet avis et décide de modifier dans ce sens l'article 138 dudit arrêté (2e alinéa).

A la rédaction actuelle :

« Des examinateurs spéciaux *peuvent être* adjoints à la Commission pour les épreuves d'agriculture »,

On substituerait :

« Des examinateurs spéciaux *sont* adjoints, etc. »

En ce qui concerne le brevet supérieur, dont le programme comporte déjà des questions d'agriculture, la Commission estime qu'il y a lieu seulement d'en accentuer l'importance et adopte dans ce but la modification proposée par M. Jacoulet au texte actuel des épreuves écrites (art. 151 de l'arrêté du 18 janvier 1887, paragraphe 1). La deuxième partie de ce paragraphe serait désormais ainsi rédigée :

« . . . . l'autre (question) sur les sciences physiques et naturelles avec leurs applications les plus usuelles à l'hygiène et à l'industrie ou, pour les aspirants seulement, *sur l'agriculture et l'horticulture.* »

Le programme des épreuves orales n'est pas modifié; il demeure ainsi conçu, en ce qui concerne l'agriculture :

« 6° Notions de physique, de chimie, d'histoire naturelle et, pour les aspirants seulement, notions d'agriculture et d'horticulture. »

Quant à la présence d'un examinateur spécial pour l'agriculture à l'examen du brevet supérieur, elle se trouve assurée par la modification apportée à l'article 138 : cet article s'applique aux deux brevets.

Poursuivant son œuvre dans la même voie, la Commission décide ensuite, sur la proposition de M. Cadet, l'introduction d'une épreuve agricole dans le programme des certificats d'études; cette question sera exclusivement orale.

Pour le certificat d'études primaires, elle donnera lieu à l'addition d'un cinquième alinéa :

« *Notions élémentaires d'agriculture et d'horticulture* », à l'article 5 de l'arrêté du 16 juin 1880.

Pour le certificat d'études primaires supérieures, on complétera de la manière suivante l'article 8 de l'arrêté du 23 décembre 1882 :

« Art. 8. Les épreuves orales comprennent nécessairement un examen de langue vivante *et un examen sur le programme de l'enseignement technique (agricole ou industriel), tel qu'il est arrêté par le conseil départemental.* »

La Commission étant ainsi tombée d'accord pour donner à l'enseignement agricole une sanction obligatoire dans les examens primaires de tous les degrés, s'ajourne à huitaine ou à toute autre date qui conviendra à son président, M. Gréard, pour soumettre à son appréciation et à celle de M. Buisson les décisions prises au cours de la présente séance.

Séance du 9 mars 1888.

La séance est ouverte à 2 heures, sous la présidence de M. Gréard.

Le procès-verbal de la dernière séance est lu et adopté.

M. le Président approuve en principe les propositions précédemment adoptées, en son absence, par la Commission, relativement aux sanctions à donner à l'enseignement agricole. Il estime que l'on fait bien de demander que l'épreuve d'agriculture du brevet supérieur soit subie devant un examinateur spécial ; on rendra ainsi cette épreuve réellement sérieuse. En ce qui concerne le brevet élémentaire, M. le Président voit peut-être quelques inconvénients à introduire dans cet examen une épreuve d'agriculture qui n'aura vraisemblablement qu'une valeur médiocre : l'examen du brevet élémentaire comporte déjà de nombreuses épreuves; maintenant que ce titre est exigé pour l'admission dans les écoles normales, la préparation de l'examen sera nécessairement moins forte, plus hâtive; pour l'épreuve d'agriculture spécialement, on doit se demander comment les aspirants trouveront le moyen de la préparer convenablement. Sous ces réserves, M. le Président se range à l'avis de la Commission. Mais il admet moins facilement que l'on veuille faire figurer l'agriculture au nombre des matières de l'examen du certificat d'études primaires. En quoi cette épreuve pourra-t-elle consister, dans cet examen tout à fait élémentaire? La Commission a reconnu que l'enseignement de l'agriculture à l'école primaire devait se réduire à des leçons de choses, à des lectures et à des exercices appropriés aux cultures de la région, mais qu'à vrai dire, il n'y aurait pas de programme d'enseignement agricole. L'épreuve d'agriculture du certificat d'études ne pourra donc pas être uniforme; sur quelles notions déterminées portera-t-elle? M. le Président croit que cette épreuve risque de devenir illusoire.

M. Cadet fait observer que, l'agriculture figurant au nombre des matières obligatoires de l'enseignement primaire, il lui paraît logique que cet enseignement reçoive une sanction à l'examen du certificat d'études, qui est la consécration des études primaires. Il faut tenir compte de ce fait que les maîtres sont jugés le plus souvent d'après le nombre des certificats d'études obtenus par leurs élèves; en introduisant l'agriculture dans l'examen dont il s'agit, on stimulera le zèle des maîtres pour cette partie de leur enseignement qui est aujourd'hui trop souvent négligée.

M. Tisserand appuie cette opinion; il est persuadé que l'enseignement agricole ne sera donné sérieusement à l'école primaire que s'il y a une sanction; il estime d'ailleurs que l'enseignement de l'agriculture est parfaitement susceptible d'être organisé à l'école primaire; il a constaté que, dans certaines régions où l'agriculture est le plus en honneur, les élèves des écoles publiques présentaient, dans les concours ouverts par les comices agricoles, d'excellentes compositions sur l'agriculture, témoignant de dispositions qui ne demandent qu'à être encouragées; on peut en conclure que l'épreuve d'agriculture du certificat d'études ne sera pas partout réduite à néant.

M. le Président est d'avis qu'il faut compter beaucoup, pour le développement de l'enseignement agricole, sur l'action des comices et des sociétés locales qui entretiendront le zèle des instituteurs et des élèves par des récompenses décernées dans les concours.

M. Risler demande que l'on maintienne l'épreuve d'agriculture au certificat d'études; si l'enseignement agricole est organisé à l'école normale, c'est pour qu'il aboutisse ensuite à l'école primaire. Or on n'y enseignera régulièrement l'agriculture que le jour où elle deviendra obligatoire pour l'obtention du certificat d'études.

M. le Président voit une difficulté à rendre l'épreuve d'agriculture obligatoire pour *tous* les candidats au certificat d'études. L'enseignement agricole n'a, d'après lui, sa place que dans les écoles des communes rurales; à Paris et dans les grandes villes, on organisera plus utilement l'enseignement du travail manuel ou l'enseignement industriel et commercial.

M. Tisserand conseillerait de décider que l'enseignement technique sera, suivant les régions, industriel et commercial ou agricole. Quant à l'enseignement agricole, il est convaincu qu'il s'organisera et se développera dans les établissements d'enseignement primaire, si l'on sait inculquer aux instituteurs, dès l'école normale, le goût de l'agriculture, s'ils arrivent à s'y intéresser et s'ils sont encouragés dans cette voie par les municipalités et par les comices agricoles.

M. le Président compte beaucoup, pour le développement de l'enseignement agricole, sur l'initiative personnelle des instituteurs et sur l'action des sociétés locales.

Mais il ne faut pas qu'une réglementation trop étroite vienne entraver l'action locale, dont l'influence peut être extrêmement efficace.

M. Salicis dit que les règlements sont utiles pour servir de point d'appui contre les autorités locales dans le cas, improbable d'ailleurs, où elles se montreraient peu disposées à seconder les intentions de l'Administration au sujet de l'enseignement agricole.

M. le Président déclare que, sans insister davantage sur les observations qu'il a cru devoir présenter, il adopte, dans leur ensemble, les propositions de la Commission relativement aux sanctions de l'enseignement agricole. Cette discussion étant épuisée, la Commission a, dit-il, terminé l'examen des diverses questions qui lui étaient soumises, depuis l'arrêté du 25 octobre 1887.

M. Salicis demande si, en attendant que l'organisation proposée par la Commission soit appliquée, on devra continuer de donner l'enseignement agricole conformément aux instructions et programmes contenus dans le fascicule 34.

La Commission répond affirmativement.

M. Prillieux rappelle que la Commission a exprimé le vœu que l'enseignement des professeurs départementaux dans les écoles normales fût contrôlé par les inspecteurs généraux de l'agriculture : on a prétendu que l'enseignement agricole était délaissé dans certaines écoles normales. Ne pourrait-on pas inviter les directeurs de ces établissements à faire parvenir leur plainte à l'Administration toutes les fois qu'ils constateront des négligences dans le service du professeur d'agriculture? Cette plainte serait communiquée à M. le Ministre de l'agriculture par les soins de son collègue de l'instruction publique.

M. Salicis propose qu'une enquête soit prescrite sur le fonctionnement de l'enseignement agricole dans les écoles normales. Il a, pour sa part, constaté que cet enseignement était donné sérieusement dans bon nombre d'écoles normales.

M. le Président fait observer qu'aux termes de l'arrêté du 25 octobre dernier, la Commission doit adresser aux Ministres de l'instruction publique et de l'agriculture un rapport les informant du résultat de ses travaux.

La Commission est d'avis qu'il n'y a pas lieu de désigner un rapporteur, qu'il suffira d'adresser aux Ministres une lettre signée par M. le Président, relatant les décisions prises par la Commission; on y joindra une copie des procès-verbaux, qui renferment un compte rendu très complet de toute la discussion.

M. Tisserand exprime ses remerciements à M. le Président, dont le concours a été précieux à la Commission pour l'accomplissement de son œuvre.

La Commission s'associe aux paroles de M. Tisserand.

M. le Président, après avoir remercié ses collègues, ajoute que la Commission a étudié avec le plus grand soin les diverses questions qu'elle avait mission d'examiner. Il espère que ses propositions seront ratifiées par le Conseil supérieur; il s'engage, pour sa part, à les soutenir devant la haute assemblée.

La séance est levée à 3 heures.

www.ingramcontent.com/pod-product-compliance
Ingram Content Group UK Ltd.
Pitfield, Milton Keynes, MK11 3LW, UK
UKHW020431230726
13925UKWH00004B/1695

9 782014 439779